Mehr
Selbstvertrauen

Mehr
Selbstvertrauen

Uma Dinsmore-Tuli

Dorling Kindersley

DORLING KINDERSLEY
London, New York, München,
Melbourne, Delhi

Reihenbildbetreuung Anne-Marie Bulat
Reihenbetreuung Jane Laing

Reihenberatung Peter Falloon-Goodhew
Cheflektorat Gillian Roberts
Bildredaktion Karen Sawyer
Programmleitung Mary-Clare Jerram

DTP-Design Sonia Charbonnier
Herstellung Joanna Bull

Fotos Graham Atkins-Hughes

Bibliografische Information Der Deutschen Bibliothek
Die Deutsche Bibliothek verzeichnet diese Publikation
in der Deutschen Nationalbibliografie;
detaillierte bibliografische Daten sind im Internet über
http://dnb.ddb.de abrufbar.

Titel der englischen Originalausgabe:
Yoga for living. Feel confident

© Dorling Kindersley Limited, London, 2002
Ein Unternehmen der Penguin-Gruppe
Text © Yoga Biomedical Trust, 2002

© der deutschsprachigen Ausgabe by Dorling
Kindersley Verlag GmbH, Starnberg, 2003
Alle deutschsprachigen Rechte vorbehalten

Übersetzung Christian Kennerknecht, München
Redaktion Karin Schanzenbach, Hamburg

ISBN 3-8310-0439-0

Printed and bound in Hong Kong/China
by South China

Hinweis
Die Informationen und Ratschläge in diesem Buch
sind von den Autoren und vom Verlag sorgfältig
erwogen und geprüft, dennoch kann eine Garantie
nicht übernommen werden.
Eine Haftung der Autoren bzw. des Verlags und seiner Beauftragten für Personen-, Sach- und Vermö-
gensschäden ist ausgeschlossen.

Besuchen Sie uns im Internet
www.dk.com

Inhalt

Einleitung 6

Teil **1** | Grundlagen

Ehe Sie beginnen 16 Grundlagen des Atmens 22 Atem und
Bewegung 24

Teil **2** | Übungen

Pfeil und Bogen 36 Dreieck 38 Baum 40 Tänzer 42 Boot 44 Hund
(nach unten) 46 Krieger in Angriffsstellung 48 Kobra 50 Schlange
52 Ruhendes Krokodil 54 Sonnengruß 56 Blitz 62 Philosoph 64
Brüllender Löwe 66 Kamel 68 Katze 70 Kind 72 Hase 74 Chandra-
Sequenz 76 Delfin 84 Kopfstand 86 Wirbelsäulendrehung 1 90
Wirbelsäulendrehung 2 92 Atemübungen 94 Wechselseitige
Nasenlochatmung 95 Das Feuer schüren 96 Den Schädel er-
leuchten 97 Atmen mit Summton 98 Atem-Balance-Haltung 99
Anrufung der Energie 100 Konzentrationsübungen 102 Mudras
verwenden 104 Meditation 106 Entspannung 108

Teil **3** | Programme

Vorstellungsgespräch 112 In Zeiten des Umbruchs 114 Stimmungstief 116 Balance und Verständnis 118 Sicherheit und Gelassenheit
120 Für mehr Mut 122 Selbstwertgefühl aufbauen 124

Register 126 Nützliche Adressen und Dank 128

Einleitung

Yoga trägt dazu bei, Selbst-Bewusstsein zu entwickeln – auf körperlicher, geistiger und emotionaler Ebene. Das stärkt das Selbstwertgefühl und bietet eine solide Basis für den Aufbau neuen Selbstvertrauens.

Wer Yoga praktiziert, entdeckt Aspekte an sich, die man im Alltag oft übersieht. Auf körperlicher Ebene vermittelt Yoga ein Bewusstsein für Atemmuster und für Verspannungen in Muskeln und Gelenken. Auf geistiger Ebene hilft Yoga, sich eingefahrener Denkmuster, Haltungen und Gewohnheiten bewusst zu werden und Sorgen und Nöte besser zu verstehen. Yoga ist eine praktische Methode, um sich seiner selbst bewusst zu werden.

Dieses Selbst-Bewusstsein bildet die Grundlage für Selbst-Achtung. Wer sich selbst achtet, erfährt in der Folge auch mehr Selbst-Vertrauen. Yoga nährt und stärkt Körper, Geist und Seele. Wenn Sie regelmäßig üben, bekommen Sie ein Gespür für Ihre wahren Bedürfnisse. Sie werden lernen, eigene Fähigkeiten, Haltungen, Vorlieben und Gewohnheiten wertzuschätzen. Yoga stärkt Sicherheit und Vertrauen und ermöglicht es Ihnen,

GESUNDHEITSTIPPS

Wenn Sie sich körperlich nicht überanstrengen dürfen oder gesundheitlich eingeschränkt sind, sollten Sie sich mit einem qualifizierten Yogalehrer (siehe Seite 128) beraten, ehe Sie mit diesem Buch arbeiten. Auf Seite 17 finden Sie einige grundlegende medizinische Hinweise. Für manche Übungen sind Alternativen oder »Vorsicht«-Tipps angegeben. Wenn Sie schwanger sind oder erst vor kurzem entbunden haben, fragen Sie einen Yogatherapeuten, welche Übungen für Sie geeignet sind.

sich selbst anzunehmen. Der zunehmend entspannte und achtsame Umgang mit sich selbst ist die Basis allen Selbst-Vertrauens.

Im Gegensatz zu anderen Techniken ist Yoga für jeden geeignet. Egal wie alt oder wie fit Sie sind, Yoga ist eine sichere Übungsform, vorausgesetzt, Sie bewegen sich innerhalb Ihrer Grenzen. Deshalb lesen Sie bitte, ehe Sie beginnen, den Text im Kasten links unten: Manche Übungen stellen für den Körper eine Belastung dar.

Mangelndes Selbstwertgefühl

Hinter fehlender Zuversicht und/oder zerstörtem Selbstvertrauen stehen allzu oft ungünstige Vergleiche mit anderen oder aber ein idealisiertes und unrealistisches Selbstbild. Die Spirale von Selbstkritik und Selbstvorwürfen beginnt sich zu drehen, und wir verlernen, eigene Stärken und Schwächen realistisch einzuschätzen. Unser Selbstbild wird bestimmt von rigiden Erwartungen und Bestrafungen.

Möglicherweise fühlen wir uns auf Dauer ängstlich und unzufrieden; alles, was wir tun oder sagen, sogar

Vitalität, Gesundheit und psychisches Wohlbefinden wurzeln im entspannten Selbstvertrauen, das durch Yoga aufgebaut wird.

die Art, wie wir schlafen und essen, ist irgendwie falsch. Diese lähmende Last schleppen wir ständig mit uns herum. Obwohl der Mangel an Selbstvertrauen psychisch bedingt sein mag, kann er sich in vielen körperlichen Symptomen äußern.

Vielleicht werden Ihre Sitz- oder Stehhaltungen zunehmend instabil, oder aber Sie fühlen sich beim

SICH AUF ANDERE MEN-SCHEN EINSTELLEN

Oft scheint es, dass die Gründe für mangelndes Selbstvertrauen in einer anderen Person oder in der Beziehung zu dieser Person zu suchen sind. Es stimmt, dass es Menschen gibt, in deren Gegenwart wir uns gut und sicher fühlen, und andere, deren Anwesenheit allein uns schon nervös und unsicher macht. Aber das heißt nicht, dass andere Menschen über unser Selbstvertrauen bestimmen. Innere Ruhe und Harmonie sind der Schlüssel für einen gelassenen Umgang mit allem, was im Alltagsleben auf uns zukommt.

Wenn Ihnen manche Menschen beständig Minderwertigkeitsgefühle vermitteln, dann sind Sie es sich schuldig, die Gründe dafür zu erforschen. Unter Umständen lässt sich der Kontakt zu diesen Personen nicht vermeiden, sodass Sie lernen müssen, das Gefühl von Stärke und innerer Harmonie immer wieder neu aufzubauen. Möglicherweise müssen Beziehungen beendet werden, die in ihrem Machtgefälle wirklich zerstörend sind. Yoga kann in einer solchen Phase eine wertvolle Hilfe sein. Aber vielleicht brauchen Sie zusätzlich psychologischen Beistand, um etwaige Entscheidungen besprechen zu können.

Zubettgehen körperlich unwohl. Wenn Verspannungen über längere Zeit anhalten, kann das Selbstvertrauen noch mehr Schaden nehmen. Die blockierte Energie macht Sie müde, gereizt und unzufrieden mit sich selbst.

Ein niedriger Energiepegel kann auch mit schlechter Ernährung oder Atmung zusammenhängen. Ein flacher Atem wirkt sich oft negativ auf das Konzentrationsvermögen aus. Typisch für einen nervösen Geist ist die Unfähigkeit, im Hier und Jetzt zu verweilen. Ängste und Befürchtungen, die auf übermäßiger Selbstkritik beruhen, können überhand nehmen und die Zukunft beherrschen.

Auch etliche für unseren Lebensstil typische Gewohnheiten können das Selbstwertgefühl beeinträchtigen. Zu viel Koffein führt zu Konzentrations- und Schlafstörungen, was wiederum übertriebene Selbstkritik und Depressionen auslösen kann. Nikotin, Alkohol, Cannabis und andere Stimulanzien können die Selbsteinschätzung trüben – aber ohne Klarheit sich selbst gegenüber kann ein gesundes Selbstvertrauen sich nur schwer einstellen.

Es lohnt sich deshalb, sich die alltäglichen Gewohnheiten genauer anzusehen, um unnötige und vermeidbare Konflikte, Stress und energiezehrende Aktivitäten aufzuspüren, die alle an Ihrem Selbstwertgefühl kratzen. Zum Beispiel: Statt in einem mit Morgenmuffeln voll gestopften Bus den täglichen Weg zur Arbeit zurückzulegen, ist es da nicht möglich, zu Fuß zu gehen?

Wie Yoga helfen kann

Freundlichkeit ist das beste Heilmittel für ein verletztes Selbstbild. Aufmerksame Anteilnahme befreit uns aus den Fesseln eines negativen Selbstbilds, weil sie uns hilft, die beste und für uns stimmige Seinsweise zu finden. Regelmäßiges Wiederholen einiger einfacher Yogaübungen kann diese Grundhaltung wirkungsvoll verstärken und die Hauptursachen für ständige Selbstvorwürfe und geringe Selbstachtung allmählich beseitigen. Die Yogaübungen in diesem Buch basieren alle auf dem Atem als Technik, das Zusammenspiel von Geist, Körper und Gefühlen zu verstehen und zu entwickeln. Die Übungen zeigen, wie ein wacher Geist den Atem beeinflussen kann und wie der veränderte Atem helfen kann, besser mit dem Körper zu kommunizieren. Reagiert der Körper darauf, treten wir in eine »Schleife positiven Feedbacks«: Das neue körperliche Wohlgefühl hat tief greifende Auswirkungen auf Psyche und Geist, was wiederum den Atem beeinflusst. Dadurch wird das Gespür für den Körper weiter sensibilisiert, was uns letztendlich noch mehr in Einklang mit uns bringt.

Wir erleben eine Spirale des Wohlbefindens, die auf simplen und praktischen Grundlagen beruht und dem Teufelskreis von Depression und mangelndem Selbstbewusstsein entgegenwirkt. An deren Stelle treten zuversichtliche Gelassenheit und ein positives Selbstbild, eine Veränderung, die auch unseren Mitmenschen auffallen wird. Sie werden in ihrem Verhalten uns gegenüber positiver sein und so die Veränderung in uns von außen bestätigen.

Vier grundlegende Qualitäten

Die Yogaübungen in diesem Buch sind darauf abgestimmt, Gelassenheit,

Gleichgewicht, Stärke und Klarheit zu fördern. Durch die Arbeit mit Körper und Atem gewinnen Sie jene ruhige Zuversicht, die mit einer sanfteren, leichteren Lebensweise einhergeht.

Gelassenheit entwickeln

Grundlegend für ein gesundes Selbstwertgefühl sind ein gelassener Umgang mit sich selbst und ein Gespür für die eigene Persönlichkeit. Um Kraft und Energie zu mobilisieren, die durch die Entwicklung von Harmonie, Stärke und Klarheit entstehen, ist es wichtig, verstehen zu lernen, wer Sie wirklich sind.

Insbesondere die Praxis der vollständigen Yogaatmung fördert die Gelassenheit. Sie hilft, alte Atemgewohnheiten loszulassen, und ermöglicht die volle Nutzung der Lungenkapazität, um mit jedem Atemzug Vitalität und Selbstvertrauen einsaugen zu können. Durch diese Praxis steigen Sie tiefer in den Veränderungsprozess ein, und Ihre Selbstachtung erhält ein breiteres Fundament. Beim Ausatmen mit Summton bestätigen Sie sich, dass Sie sich so, wie Sie sind, annehmen können. In dieser

Ruhe haben Sie die Möglichkeit, Selbstkritik und zerstörerische Gewohnheiten abzulegen. Durch die Klangvibrationen nähren Sie Ihr neu entstehendes, kraftvolles und zuversichtliches Selbst. Die Entspannungshaltungen – Totenstellung und umgekehrte Totenstellung –, aber auch Krokodil und Hase, lehren das Loslassen und gelassenes Aufgehen im Augenblick.

Das Gleichgewicht finden

Ohne Gleichgewicht ist es schwer, ein Gespür für den eigenen Wert zu entwickeln. Wer sein Gleichgewicht gefunden hat, strahlt sowohl in Ruhe wie in Bewegung eine Grazie aus, die den Einklang von Geist und Gefühlen widerspiegelt.

Harmonie von Geist und Seele können Sie erlangen, indem Sie den physischen Körper ins Gleichgewicht bringen, indem Sie Atem und Körper miteinander verbinden und indem Sie lernen, das Gleichgewicht auch in den Stellungen zu halten, die Sie im Alltagsleben normalerweise nicht einnehmen (zum Beispiel Kopf- oder Schulterstand). Wenn Sie mithilfe von

Yoga an einer harmonischen Körperhaltung arbeiten, können Sie ganz generell die Herausforderungen, die das Leben bietet, besser meistern.

Wechselseitige Nasenlochatmung, die Dreiecksatmung und die Atem-Balance-Haltung lehren Sie, auf sich selbst zu achten und geduldig zu werden in dem Prozess des langsamen, aber stetigen Wandels. Diese Übungen bringen Staunen und Demut hervor, denn jedes Ausatmen und jedes Einatmen verbindet uns mit der Quelle des Lebens und offenbart das unbegrenzte Potenzial für Zuversicht, Vertrauen und Kraft.

Schwierigere Übungen wie Kopfstand, Baum oder Tänzer erfordern und fördern Ausdauer und Klarheit über die eigenen Ziele. Diese Stellun-

YOGAÜBUNGEN FÜR DIE VIER QUALITÄTEN

Die vier Qualitäten – Gelassenheit, Gleichgewicht, Stärke und Klarheit – helfen Ihnen, mehr Selbstvertrauen zu entwickeln.

Nachfolgend finden Sie die wichtigsten Stellungen zum Erreichen der vier Qualitäten aufgelistet.

Gelassenheit

Totenstellung (S. 19)

Vollständiger Yogaatem (S. 23)

Ruhendes Krokodil (S. 54)

Hase (S. 74)

Wirbelsäulendrehung 1 & 2 (S. 90, 92)

Atmen mit Summton (S. 98)

Gleichgewicht

Rock 'n' Roll (S. 29)

Baum (S. 40)

Tänzer (S. 42)

Schlange (S. 52)

Kamel (S. 68)

Kopfstand (S. 86)

Wechselseitige Nasenlochatmung (S. 95)

Dreiecksatmung (S. 94)

Atem-Balance-Haltung (S. 99)

Stärke

Hüftkreisen (S. 32)

Dreieck (S. 38)

Boot (S. 44)

Das Feuer schüren (S. 96)

Den Schädel erleuchten (S. 97)

Anrufung der Energie (S. 100)

Klarheit

Pfeil und Bogen (S. 36)

Blitz (S. 62)

Philosoph (S. 64)

Brüllender Löwe (S. 66)

Konzentriertes Schauen (S. 102)

Mudra des Bewusstseins (S. 104)

Mudra des Wissens (S. 105)

Meditation (S. 106)

Tiefenentspannung (S. 108)

gen müssen kontinuierlich geübt werden – aber gerade dadurch erlangen Sie die geistige Klarheit, die Sie ein negatives Selbstbild erkennen lässt, und die für ein wachsendes Selbstvertrauen erforderliche Ausdauer.

Stärke entwickeln

Sich Gelassenheit und Selbstvertrauen zu bewahren erfordert Stärke. Um das Gleichgewicht zu halten, muss sie kraftvoll sein, es Ihnen ermöglichen, sich bestimmten Situationen anzupassen und dabei, wenn nötig, den eigenen Standpunkt zu wahren. Das Zentrum körperlicher Kraft liegt im Bauch: Die Bauchmuskeln unterstützen die Rückenmuskeln in ihrer Arbeit, Sie zu tragen, und das »Feuer im Bauch« versorgt Sie mit Tatkraft und Energie.

Die wirksamsten Yogapraktiken zum Aufbau der Kraft im Unterleib sind die Atemübungen »Das Feuer schüren« und »Den Schädel erleuchten«. In Verbindung mit den Stellungen »Boot«, »Dreieck« und »Den Brei umrühren« schaffen sie ein Kraftzentrum in Ihnen, das Sie weiterbringt. Wenn Sie dann die »Anrufung der Energie« praktizieren, verstehen Sie, dass die Welt voller mächtiger Energie ist – zum Geben, Nehmen und Miteinanderteilen.

Klarheit fördern

Ohne Klarsehen gibt es kein Selbstwertgefühl. Wer sich selbst vertrauen will, muss in der Lage sein, den Blick

Körperliche Kraft und Gleichgewicht vermitteln emotionale Harmonie – Sie entwickeln echtes Selbstvertrauen.

nach innen wie nach außen zu richten. Der innere Fokus ist nötig, um die eigenen Stärken und Schwächen einschätzen und sich selbst annehmen zu können; der äußere Fokus wird gebraucht, um auf alle Situationen, mit denen wir konfrontiert werden, reagieren zu können.

Das Fokussieren beim Üben hilft, das innere Auge zu schärfen und Klarheit über die eigenen Ziele zu erlangen, die Basis allen Selbstvertrauens. Die Übung des »Konzentrierten Schauens« lehrt auf einfache Weise den punktgenauen Blick. Im Zentrum des Sehens steht überwiegend ein äußeres Objekt, aber eine Zeit lang werden die Augen geschlossen, was die Fähigkeiten des inneren Auges verbessert. Die »Meditation zur Erlangung innerer Ruhe« fördert diese Aufmerksamkeit nach innen noch mehr.

Die Sitzhaltungen »Blitz« und »Philosoph« drücken das Fokussieren der Aufmerksamkeit auch körperlich aus, während die einfachen Mudras (Handhaltungen) effektive körperliche Zeichen darstellen – Anstöße für den Geist, sich in den Zustand konzentrierter Aufmerksamkeit zu versetzen.

WIE SIE DIESES BUCH VERWENDEN

Der Hauptteil des Buches gliedert sich in drei Abschnitte. Das Grundlagenkapitel bietet mit Atem- und Dehnungsübungen eine Einführung in das Yoga. Machen Sie sich erst damit vertraut, ehe Sie mit dem Übungskapitel weitermachen. Es enthält eine Auswahl von Positionen sowie eine leichte Meditations- und Entspannungstechnik. Arbeiten Sie sich Schritt für Schritt durch, indem Sie sich eine oder zwei Positionen zum Üben aussuchen. Schauen Sie sich zuerst die Fotos an, um eine Vorstellung vom Ablauf der Übung zu bekommen. Gehen Sie dann entsprechend den Anweisungen vor. Wenn Ihnen eine Position zu schwierig erscheint, arbeiten Sie zuerst an den Vorübungen oder, soweit vorhanden, an der Alternative.

Im Kapitel Programme werden ausgewählte Stellungen und andere Übungen zu einer Serie kurzer Yogaprogramme verbunden, die auf bestimmte Situationen zugeschnitten sind. Sie sollten die entsprechenden Positionen gut beherrschen, wenn Sie beginnen, diese Programme zu üben.

Traditionellerweise lernt man Yoga bei einem Lehrer. Der Besuch eines Kurses ist hilfreich. Verbände, die Ihnen bei der Suche nach einem Lehrer behilflich sind, finden Sie auf Seite 128.

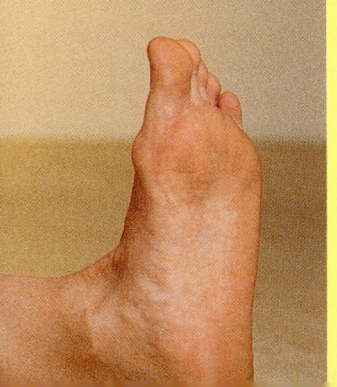

Teil 1

Grundlagen

Dieses Kapitel richtet sich an den Yoganeuling. Neben Hinweisen zur Verwendung von Hilfsmitteln enthält es einige grundlegende Positionen im Stehen, Sitzen und Liegen. Daneben finden Sie auch verschiedene Atemübungen, die den Körper lockern.

Ehe Sie
beginnen

Um ein gesundes Selbstvertrauen zu entwickeln, gehen Sie die Übungen möglichst gelassen an und setzen sich realistische Ziele. Üben Sie konzentriert und aufmerksam und bewegen Sie sich mit dem Atem.

Wichtig ist Regelmäßigkeit – kurzes, dafür häufiges Üben ist besser als seltene, aber lange Sitzungen mit ausgedehnten Pausen. Seien Sie realistisch, was die zur Verfügung stehende Zeit betrifft. Fünf Minuten täglich ohne Druck zu üben ist sinnvoller, als unzufrieden zu sein und sich selbst zu bestrafen, weil Sie es wieder einmal nicht geschafft haben, eine halbe Stunde zu üben. Verlängern Sie die Dauer Ihrer Yogasitzungen in kleinen Schritten. Sie werden spüren, wie Ihr Selbstvertrauen wächst.

YOGAKURS

Regelmäßiges Üben in einer Gruppe unter der Anleitung eines erfahrenen Lehrers kann sehr wertvoll sein. Eine derartige Verpflichtung einzugehen hilft Ihnen, Fähigkeiten und Begabungen zu entwickeln und Gelassenheit und Entspannung zu finden. Noch dazu fördert der gegenseitige Respekt zwischen Lehrer und Schüler das Selbstvertrauen.

Üben Sie auf einer Gymnastikmatte oder einem rutschfesten Teppich, und tragen Sie lockere Kleidung, die Ihnen genügend Bewegungsfreiheit lässt.

Lassen Sie sich mit jedem Atemzug zu einem vertieften Bewusstsein für die Bedürfnisse Ihres Körpers hinführen und respektieren Sie diese. Überfordern Sie Ihren Körper nicht.

Arbeiten Sie darauf hin, die Stellungen mit derselben Eleganz einzunehmen und zu verlassen, in der Sie sie auch halten. Wichtig bei jeder Übung ist der zentrale Moment des Innehaltens, mit dem Sie die Stellung einnehmen und wieder verlassen.

Unterstützung durch einen Lehrer

Der Besuch eines Yogakurses kann das Selbstvertrauen enorm steigern. Wichtig ist die Auswahl des entsprechenden Kurses. Lassen Sie sich von Freunden beraten, deren Meinung Sie schätzen und die aus ähnlichen Gründen wie Sie Yoga machen. Erkundigen Sie sich bei renommierten Ausbildungsinstituten (siehe Seite 128), und probieren Sie verschiedene Kurse aus, bis Sie den für Sie passenden Kurs und Lehrer gefunden haben.

YOGA BEI GESUNDHEITLICHEN EINSCHRÄNKUNGEN

• Wenn Sie an hohem Blutdruck, einer Herzerkrankung, einem Glaukom oder einer Netzhautablösung leiden, sollte sich der Kopf nie tiefer als das Herz befinden.

• Bei hohem Blutdruck oder einer Herzerkrankung nehmen Sie nach vorn gebeugte Stellungen nur kurz ein. Die Arme nicht über den Kopf halten.

• Wenn Sie einen niedrigen Blutdruck haben, sollten Sie Umkehrstellungen langsam verlassen.

• Bei Problemen mit dem Rücken oder dem Ischiasnerv sollten Sie Rumpfbeugen oder -drehungen vermeiden, die Schmerzen oder andere Symptome hervorrufen können (z. B. Taubheit in den Beinen). Strecken Sie die Knie beim Vorwärtsbeugen nicht durch.

• Vermeiden Sie bei einem Leistenbruch oder nach kurz zurückliegenden Bauchoperationen allzu großen Druck auf den Bauch.

• Wenn Sie Arthritis haben, beanspruchen Sie die Gelenke nicht zu sehr.

• Bei Problemen mit der Halswirbelsäule lassen Sie den Kopf nicht nach hinten fallen.

• Menstruierende Frauen sollten sanfter üben. Vermeiden Sie Umkehrstellungen und solche, die großen Druck auf die Beckengegend ausüben.

Grundhaltungen

Grundpositionen im Stehen, Sitzen oder Liegen haben besondere Bedeutung. Durch sie gewinnen Sie an Stabilität. Lernen Sie ihren Wert für die richtige Körperhaltung, die Atmung und den freien Fluss der Energie schätzen. Sie sind zudem Ausgangspositionen für andere Stellungen.

Bequemes und stabiles Sitzen ist von grundlegender Bedeutung für Atem- und Meditationsübungen; es hilft, die Konzentration zu halten, ohne dass körperliche Spannungen Sie ablenken. Liegepositionen dienen oft dazu, das Bewusstsein für Körper und Atem zu schärfen; Sie entspannen sich, und Ihr Körper kann die

wohltuenden Wirkungen anderer Yogaübungen absorbieren.

Wenn Sie eine Stellung nicht vollständig einnehmen können, kann ein Kissen oder Schaumstoffblock hilfreich sein. Beides verhindert eine Überanstrengung des Körpers.

Stellen Sie sich aufrecht hin

Lassen Sie die Schultern entspannt fallen

Ziehen Sie den Bauch ein

Lassen Sie das Steißbein locker

Bleiben Sie locker in den Kniekehlen

STEHEN

Stellen Sie sich gerade hin, die Füße hüftbreit auseinander, Ohren, Schultern, Hüfte und Fußknöchel in einer Linie. Drücken Sie die Füße gegen den Boden und richten Sie den Körper auf. Lassen Sie den Brustkorb weiter werden. Spüren Sie, wie Sie im Gleichgewicht sind. Schauen Sie geradeaus, entspannen Sie sich und atmen Sie tief.

SCHNEIDERSITZ

Diese Grundposition ist ideal für Atemübungen. Kreuzen Sie die Unterschenkel
so, dass sich die Füße unter dem gegen-
überliegenden Knie befinden. Verlagern
Sie das Gewicht auf das vordere Ende
der Sitzknochen, die Wirbelsäule lang,
der Kopf aufgerichtet. Entspannen Sie
die Hüfte.

FERSENSITZ

Versuchen Sie diese Position, wenn das
Sitzen mit überkreuzten Beinen unbequem für Sie ist. Setzen Sie sich auf die
Fersen. Wenn Sie die Position für eine längere Zeit einnehmen, benutzen Sie eine
Unterlage, Knie und Füße hüftbreit auseinander. Halten Sie die Wirbelsäule und
den Kopf aufrecht. Legen Sie die Hände
auf die Schenkel oder in den Schoß.

RÜCKENLAGE

Legen Sie sich nach dem Üben oder zwischen den Positionen zur Entspannung
auf den Rücken. Die Beine hüftbreit ausgestreckt, die Fußspitzen nach außen
geneigt, die Arme neben dem Körper,
die Hände mit dem Handrücken und der
Hinterkopf genau mittig auf dem Boden.
Falls es im unteren Rücken schmerzt, ziehen Sie die Knie etwas an.

SCHAUMSTOFFBLOCK

Ein Schaumstoffblock ist hilfreich bei einer steifen Hüfte oder wenn Sie Schwierigkeiten haben, das Rückgrat im Sitzen aufzurichten. Er optimiert die Beckenneigung. Wenn Sie beim Liegen auf dem Rücken Probleme mit dem Nacken haben, kann ein Schaumstoffblock auch als Kopfstütze hilfreich sein.

KISSEN

Statt eines Schaumstoffblocks können Sie – beim Sitzen oder als Kopfstütze – auch ein Kissen verwenden, ebenso zur Linderung übermäßiger Muskelanspannung. Beim Sitzen auf den Fersen hilft ein Kissen zwischen Waden und Schenkel, die Anspannung der Oberschenkelmuskeln zu lindern.

HANDTUCH

Kniepositionen können steife Knöchel übermäßig beanspruchen. Rollen Sie ein Handtuch zusammen und legen Sie es zwischen Knöchel und Boden. Ein gefaltetes Handtuch kann auch unter die knöchernen Partien der Füße und Knöchel gelegt werden, was sich bei hartem Boden empfiehlt.

HOLZBLOCK

Ein Holzblock kann in allen möglichen Situationen als Stütze und zur Stabilisierung benutzt werden. So können Sie effektiv üben, ohne sich zu überanstrengen. Wenn Sie den Block für die Chandra-Sequenz (siehe links und Seite 83) oder das Dreieck (Seite 38) verwenden, betrachten Sie ihn als Verlängerung Ihres Armes, und platzieren Sie ihn sorgfältig, damit die Ausrichtung der Stellung stimmt. Überprüfen Sie die korrekte Position, bevor Sie die Stellung einnehmen.

DECKE

Eine Decke kann als Stütze beim Sitzen, Knien und für alle Umkehrstellungen verwendet werden. Zudem hält sie beim Meditieren und Entspannen warm. Im Stadium tiefer Entspannung kann die Körpertemperatur beträchtlich abfallen, sodass es sinnvoll ist, sich vor Beginn einer Entspannungsübung zuzudecken.

Grundlagen des Atmens

Atem und körperliches, seelisches und geistiges Befinden sind eng aufeinander bezogen. Für den Yogi ist der Atem eine vitale Energie – »der Atem hinter dem Atem« –, die in den Körper einfließt.

Gut zu atmen ist grundlegend für die Gesundheit. Der Atem liefert den Sauerstoff für den Stoffwechsel im Körper, der uns mit lebenswichtiger Energie versorgt, und er führt das bei den Stoffwechselprozessen anfallende Kohlendioxid ab. Verspannungen der Atemmuskulatur können zu einem Gefühl der Enge in der Brust und sogar zu Schmerzen führen. Mit Atemtechniken können Spannungen im gesamten Oberkörper gelöst werden. Damit sind Sie in der Lage, mit Ihrem Atem auf unterschiedlichste Anforderungen zu reagieren.

Der Atem stellt auch ein machtvolles Bindeglied zwischen Geist und Körper dar. Durch die Kontrolle Ihrer Atemmuster – z. B. Rhythmus und Tiefe des Atems, Länge des Ausatmens oder Balance zwischen rechter und linker Nasenlochatmung – können Sie Ihr körperliches, geistiges und seelisches Befinden beeinflussen.

Hilfreiche Atemgewohnheiten

Yoga stärkt das Atmen durch die Nase, den Einsatz des Zwerchfells, langsames, regelmäßiges Atmen und die Koordination zwischen Atem und Bewegung. Öffnende Bewegungen wie Rückbeugen laufen parallel zum Einatmen, schließende Bewegungen wie Vorbeugen parallel zum Ausatmen.

Der vollständige Yogaatem schärft das Bewusstsein für die Tätigkeit der Atemmuskulatur. Er ist unerlässlich für den Aufbau von Selbstvertrauen und kann im Stehen, Sitzen oder Liegen praktiziert werden.

Der vollständige Yogaatem

Diese Atempraxis führt zu innerer Ruhe, da sie Atem und Körper in Balance bringt. Nach Erreichen von Schritt

3 verbinden Sie alle drei Schritte zu einem kontinuierlichen Atemfluss. Machen Sie fünf Durchläufe.

1 Legen Sie sich auf den Rücken. Die Hände liegen auf dem Bauch, wobei die Mittelfinger sich berühren. Atmen Sie in Ihre Hände und fühlen Sie, wie der Bauch anschwillt und der Fingerkontakt sich löst. Dann fühlen Sie, wie die Bauchdecke beim Ausatmen zurücksinkt. Wiederholen Sie das dreimal. Man nennt das Bauchatmung.

2 Legen Sie die Hände auf den Brustkorb, die Finger auf den vorderen, die Daumen auf den hinteren Rippen. Fühlen Sie, wie der Brustkorb sich beim Einatmen dehnt und die Rippen in die Hände drücken. Mit dem Ausatmen senkt sich der Brustkorb wieder. Ebenfalls drei Wiederholungen.

3 Legen Sie die Finger auf die Schlüsselbeine unterhalb der Schultern. Atmen Sie ein und fühlen Sie, wie der obere Brustkorb sich weitet und die Finger in Richtung Kopf bewegt werden. Beim Ausatmen fühlen Sie, wie Brust und Finger wieder nach unten sinken. Drei Wiederholungen.

Atem und Bewegung

Diese einfachen Übungen sind darauf ausgerichtet, die Verbindung mit dem Atem zu vertiefen. Die einzelnen Bewegungsabläufe sind zeitlich auf den Atem abgestimmt.

Armstreckung 1

1 Atmen Sie fünfmal vollständig durch (siehe Seite 23). Mit dem Einatmen strecken Sie die Arme nach vorne bis auf Schulterhöhe. Handgelenke, Ellenbogen und Schultern bilden eine Linie. Atmen Sie aus.

2 Mit dem nächsten Einatmen strecken Sie die Hände über den Kopf nach oben. Beim Ausatmen sinken die Arme in die Horizontale zurück. Wiederholen Sie die Bewegung fünfmal.

Armstreckung 2

1 Stellen Sie sich aufrecht hin. Mit dem Ausatmen drehen Sie die Handflächen nach vorne und ziehen die Arme nach hinten und die Schulterblätter zusammen. Atmen Sie vollständig durch.

2 Sie beginnen einzuatmen und heben dabei die Arme bis auf Schulterhöhe nach außen. Die Dehnung reicht bis in die Fingerspitzen, die Handflächen sind nach vorne gerichtet.

3 Sie atmen weiter ein und strecken die Arme hinter den Ohren über den Kopf. Atmen Sie aus und lassen Sie die Arme mit den Handflächen nach vorne seitwärts absinken. Fünf Wiederholungen.

Armstreckung 3

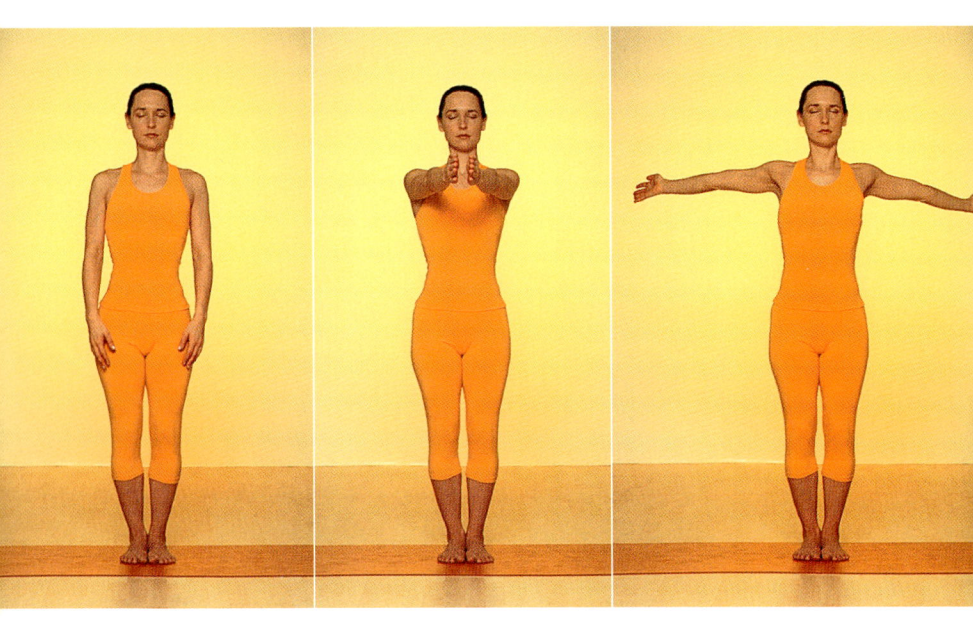

1 Stellen Sie sich gerade hin, die Füße zusammen. Schließen Sie die Augen. Beim Ausatmen lassen Sie die Schultern locker fallen. Die Hände liegen an den Schenkeln. Atmen Sie einmal vollständig durch (siehe Seite 23).

2 Mit dem Einatmen heben Sie die Arme bis auf Schulterhöhe hoch mit den Handflächen nach innen: Sie sollten die Wärme der Handflächen spüren, ohne dass die Hände sich berühren. Atmen Sie aus.

3 Während Sie einatmen, öffnen Sie die Arme. Nehmen Sie die Arme langsam zurück, bis Sie vollständig eingeatmet haben. Mit dem Ausatmen kehren Sie zu Schritt 2 zurück. Wiederholen Sie Schritt 2 und 3 mit geschlossenen Augen siebenmal.

Befreiung der Energie

1 Diese Übung bringt Atem und Bewegung in Einklang und setzt Energie frei. Sie stellen sich gerade hin, Füße hüftbreit auseinander. Die Zehen zeigen nach vorne, die Arme hängen seitlich herab. Schauen Sie geradeaus und atmen Sie ein.

2 Mit dem Ausatmen gehen Sie in die Hocke. Greifen Sie unter den Spann. Atmen Sie ein, strecken Sie die Wirbelsäule und nehmen Sie den Kopf hoch. Die Ellbogen zeigen nach außen, die Oberschenkel sind nahe am Bauch.

3 Strecken Sie mit dem Ausatmen die Beine durch und heben den Po an. Den Kopf lassen Sie hängen, sodass Sie zwischen den Waden durchsehen können. Die Finger bleiben unter den Füßen. Schritt 2 und 3 fünf- bis siebenmal wiederholen.

Ellbogenkreisen

1 Beim Einatmen Arme nach vorne ausstrecken. Die Handflächen nach oben legen und die Ellbogen beugen. Die Finger liegen auf den Schultern. Ausatmen und Ellbogen absinken lassen.

2 Beim nächsten Einatmen heben Sie, die Finger auf den Schultern, die Ellbogen vor dem Körper schulterhoch an. Pressen Sie die Ellbogen aneinander, bis sie sich berühren.

3 Sie atmen weiter ein und heben die Ellbogen an, sodass sie zur Decke zeigen. Die Ellbogen sollten dabei zusammenbleiben.

4 Mit dem Ausatmen bewegen Sie die Arme in Schulterhöhe nach außen. Rollen Sie die Ellbogen. Wiederholen Sie Schritt 3 bis 4 drei- bis siebenmal.

Rock 'n' Roll

1 Legen Sie sich auf den Rücken und atmen Sie einmal vollständig durch (Seite 23). Beim Einatmen ziehen Sie die Beine an. Umfassen Sie die Knie mit den Händen und rollen Sie zur Seite.

2 Mit dem Ausatmen rollen Sie den Körper zur anderen Seite. Rollen Sie einige Male von einer Seite auf die andere und bleiben Sie auf dem Rücken liegen.

3 Mit dem Einatmen rollen Sie vorsichtig Wirbel für Wirbel nach hinten. Lassen Sie den Rücken rund. Die Beine bleiben am Bauch.

4 Mit dem Ausatmen rollen Sie Wirbel für Wirbel nach vorne. Rollen Sie einige Male vor und zurück und kommen Sie zum Schluss mit dem Ausatmen zum Sitzen.

Am Seil ziehen

1 Strecken Sie die Beine etwas weiter als hüftbreit auseinander nach vorne aus. Setzen Sie sich aufrecht hin und legen Sie die Hände auf die Oberschenkel. Schauen Sie nach vorne.

2 Beim Einatmen strecken Sie die rechte Hand so weit wie möglich diagonal nach oben, als würden Sie nach einem imaginären Seil greifen. Halten Sie den Arm gerade und sehen Sie zur Hand. Strecken Sie den linken Arm, als würden Sie das Seil weiter unten fassen.

3 Beim Ausatmen bewegen Sie die rechte Hand nach unten, als würden Sie am Seil ziehen; beugen Sie den Oberkörper nach vorne. Schritte 2 und 3 mit dem linken Arm wiederholen, dann wechselweise mit beiden Armen fünf- bis siebenmal.

Rudern

1 Sitzen Sie mit ausgestreckten Beinen. Drücken Sie die Fersen von sich und richten Sie sich aus der Hüfte gerade auf. Atmen Sie in den Bauch. Strecken Sie die Arme in Schulterhöhe nach vorne und ballen Sie die Hände zur Faust. Ausatmen.

2 Mit dem Einatmen lehnen Sie sich so weit zurück, wie es bequem für Sie ist, beugen Sie die Ellbogen und ziehen Sie die Arme nach unten zur Taille. Fühlen Sie die Dehnung im Bauch.

3 Mit dem Ausatmen beugen Sie sich so weit wie möglich nach vorne und schieben die Arme über die Zehen. Fühlen Sie die Dehnung im unteren Rücken. Schritte 2 und 3 fünf- bis siebenmal wiederholen.

Hüftkreisen

1 Sitzen Sie gerade, die Beine so weit gespreizt, wie es Ihnen bequem ist. Strecken Sie die Arme in Schulterhöhe nach vorne und verschränken Sie die Finger so, dass der rechte Daumen oben liegt.

2 Stellen Sie sich vor, Sie hielten einen großen Kochlöffel in Händen und zwischen Ihren Füßen befände sich ein großer Topf. Beugen Sie sich mit dem Ausatmen nach vorne und behalten Sie die Arme in Schulterhöhe.

3 Noch immer ausatmend, beugen Sie Rumpf und Arme über den rechten Fuß. Damit beginnt eine kreisförmige Bewegung, mit der Sie in dem imaginären Topf rühren.

4 Bewegen Sie sich im Uhrzeigersinn fort. Atmen Sie ein und lehnen Sie sich dabei aus der Hüfte zurück, bis die Hände über dem rechten Oberschenkel angelangt sind.

5 Noch immer zurückgelehnt und einatmend, bewegen Sie den Oberkörper nach links, bis die Hände über dem linken Oberschenkel angelangt sind. Fühlen Sie die Dehnung in Bauch und Becken.

6 Beim Ausatmen gehen Sie nach vorne, bis sich die Hände über dem linken Fuß befinden. Kreisen Sie zehnmal im Uhrzeigersinn. Nach einer Pause bewegen Sie sich zehnmal, nun den linken Daumen oben, in entgegengesetzter Richtung.

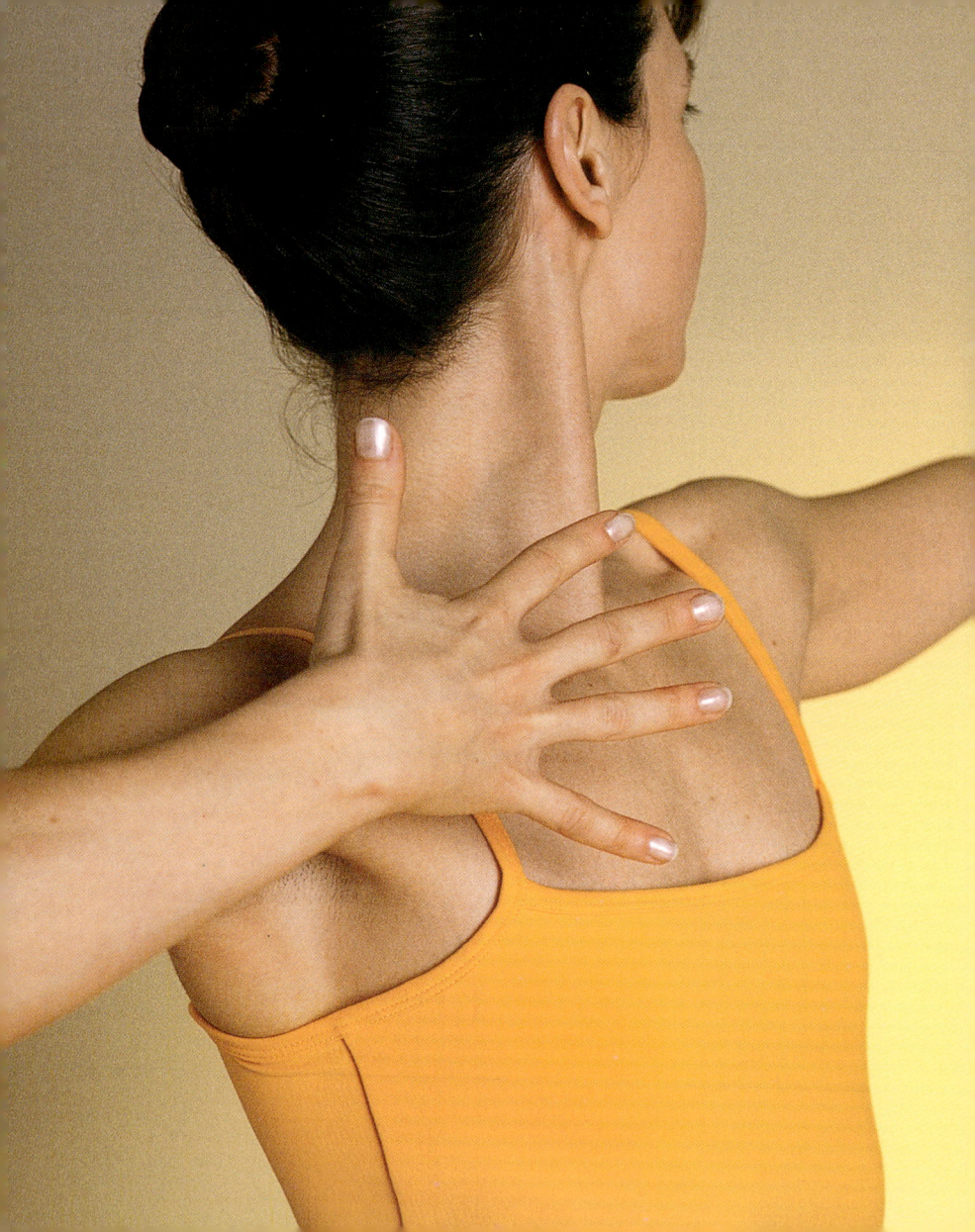

Teil 2

Übungen

In diesem Abschnitt finden Sie Stellungen und Yogaübungen, die die Achtsamkeit fördern und Selbstvertrauen aufbauen. Bleiben Sie nur so lange in einer Position, wie Sie sie bequem halten können. Atmen Sie gleichmäßig und hören Sie beim Üben auf Ihren Körper.

Pfeil und
Bogen

Diese Stellung fördert Kraft, Klarheit und ein offenes Herz. Sie wirkt tief auf die Muskeln im Nacken und um die Schulterblätter und löst Verspannungen, Steifheit und Krämpfe.

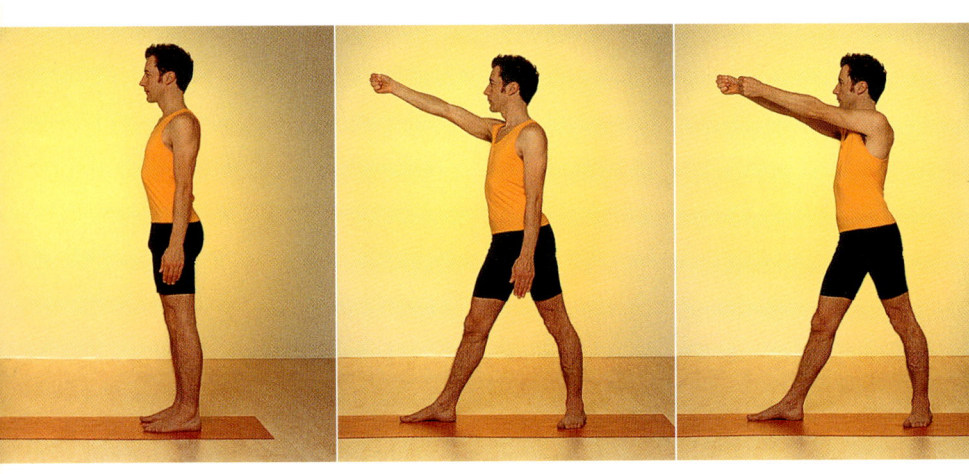

1 Gerade hinstellen, Beine schulterbreit auseinander, Arme an den Seiten. Rechten Fuß 60 cm nach vorne, linken 45° nach außen stellen.

2 Einatmen und rechten Arm strecken, Hand zur Faust geballt mit gestrecktem Daumen, bis auf Schulterhöhe nach vorne. Auf den Daumen blicken.

3 Schließen Sie die linke Hand zur Faust, der Daumen liegt innen. Führen Sie mit dem Ausatmen die linke Hand zur Innenseite des rechten Handgelenks.

4 Mit dem nächsten Einatmen ziehen Sie die linke Hand so gegen das Kinn und dann hinter das linke Ohr, als würden Sie einen Bogen spannen. Spannen Sie die Muskeln in beiden Armen an. Atmen Sie aus, dann ein.

Blick auf den Daumen

Ellbogen und Schulter auf einer Höhe

5 Atmen Sie aus und öffnen Sie dabei die linke Hand, als würden Sie einen imaginären Pfeil losschicken. Weiter ausatmend führen Sie die linke Hand nach vorne zur rechten Hand. Dann spannen Sie den Bogen mit dem Einatem erneut und lösen ihn mit dem Ausatmen. Fünf Wiederholungen. Wiederholen Sie dann die Übung spiegelbildlich.

Aufrichten aus dem unteren Rücken heraus

Die Beine gerade und stabil

Dreieck

Diese Stellung baut körperliche Kraft auf, stärkt den Geist, fördert Zuversicht und bringt Ausgeglichenheit. Sie dehnt Wirbelsäule und Bauch, kräftigt Beine und Füße und fördert die Beweglichkeit in der Hüfte.

1 Hinstellen, die Beine etwa einen Meter weit gegrätscht, die Handflächen vor der Brust. Ausatmen.

2 Beim Einatmen die Arme in Schulterhöhe zur Seite strecken, Handflächen nach unten. Rechter Fuß zeigt nach außen, die linke Ferse ebenfalls.

3 Ausatmen und den rechten Arm so weit wie möglich nach vorne strecken. Linken Arm so drehen, dass die Handfläche im Rücken aufliegt.

VORSICHT
- Bei Rückenproblemen halten Sie den vorderen Arm höher.
- Bei Nackenproblemen den Kopf nicht zur Seite drehen.

4 Weiter ausatmend, senken Sie den rechten Arm ab und lassen die Hand am rechten Bein nach unten gleiten. Halten Sie das Gewicht auf den Fußkanten. Blicken Sie auf Ihren rechten Fuß.

Die Arme bilden eine gerade Linie

Oberkörper gestreckt, Brustkorb weit gedehnt

5 Mit dem Einatmen strecken Sie den linken Arm nach oben über den Kopf, die Finger zeigen zur Decke. Drehen Sie den Kopf, um zur linken Hand nach oben zu sehen. Zum Verlassen der Stellung bringen Sie den Körper mit dem Einatmen wieder in eine aufrechte Position, Arme horizontal ausgestreckt, die Füße zeigen wieder nach vorne. Handflächen vor der Brust aneinander legen. Atmen Sie vollständig durch. Übung zur anderen Seite wiederholen.

Außenkante des Fußes gegen den Boden gedrückt

Baum

Diese Stellung fördert die Konzentrationsfähigkeit und kräftigt Beine und Füße. Sie lässt Geist und Körper zur Ruhe kommen und ist ein wirksames Mittel gegen Ängste.

1 Stellen Sie sich aufrecht hin, Füße zusammen. Bringen Sie die Arme vor die Brust, pressen Sie die Handflächen aneinander, die Daumen liegen am Brustbein. Einatmen.

2 Mit dem Ausatmen verlagern Sie das Gewicht auf den linken Fuß. Mit dem nächsten Einatmen heben Sie das rechte Knie so weit nach vorne, wie es angenehm ist.

3 Rechtes Knie nach rechts außen drehen und rechte Fußsohle an die Innenseite des linken Oberschenkels legen. Handflächen bleiben zusammen. Durchatmen.

Die Fingerspit-
zen zeigen zur
Decke

Fixieren Sie
einen Punkt in
Augenhöhe

Hüftknochen
zeigen nach
vorne

4 Wenn Sie sicher stehen, heben Sie mit dem nächsten Einatmen die Hände über den Kopf, die Handflächen weiter zusammen. Schauen Sie ohne zu blinzeln auf einen Punkt vor Ihnen. Atmen Sie vollständig durch. Zum Lösen der Stellung senken Sie die Arme seitlich ab und setzen den rechten Fuß auf den Boden, dabei atmen Sie aus. Dann wiederholen Sie die Stellung spiegelbildlich.

ALTERNATIVE

Bei Schwierigkeiten mit dem Gleichgewicht versuchen Sie, die rechte Fußsohle gerade unterhalb des Knies abzulegen. Bei hohem Blutdruck die Arme nicht über den Kopf bringen; bei Arthritis oder Rückenproblemen die Stellung meiden.

Tänzer

Diese energetisch anregende Stellung weitet die Brust und fördert Koordination und Gleichgewicht. Sie verhilft dem Übenden zu Klarheit und kräftigt Geist und Körper.

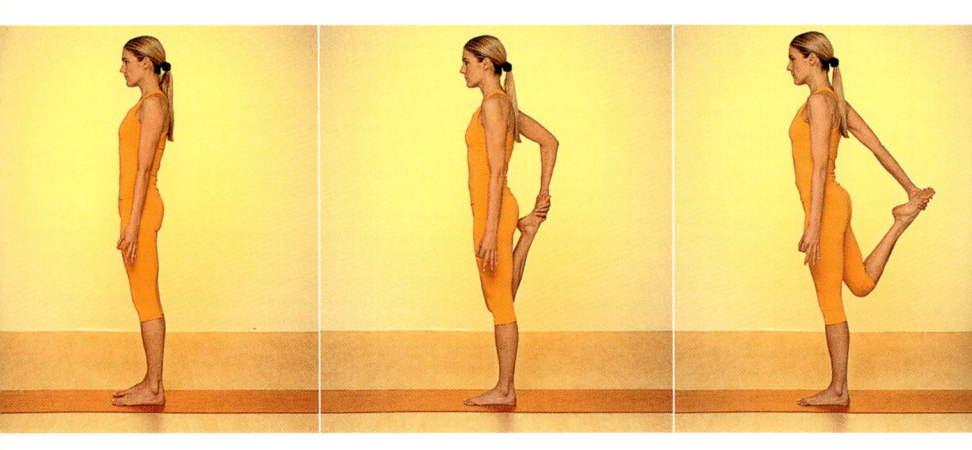

1 Gerade hinstellen, Füße zusammen, Arme an den Seiten, Blick geradeaus. Spitzen des linken Daumens und Zeigefingers kreisförmig aneinander legen. Ausatmen.

2 Beugen Sie das rechte Knie nach hinten, bis Sie den rechten Fuß mit der rechten Hand zu fassen bekommen. Halten Sie den Fuß gegen die rechte Pohälfte. Einatmen.

3 Mit dem nächsten Ausatmen das Knie so weit nach hinten ziehen, wie es angenehm für Sie ist. Halten Sie das Gleichgewicht, den Blick weiterhin geradeaus gerichtet.

4 Mit dem nächsten Einatmen linke Hand bis in Kinnhöhe anheben. Blick auf die Hand richten. Dreimal entspannt durchatmen. Zum Lösen der Position mit dem Ausatmen den linken Arm seitlich absinken lassen. Rechten Fuß loslassen und auf den Boden bringen. Stellung spiegelbildlich wiederholen.

Rücken gerade
lassen

Knie
nach hinten
angewinkelt

Linkes Bein
gerade lassen

VORSICHT
• Vermeiden Sie eine Überanstrengung des Rückens: Lassen Sie den Rücken gerade.
• Heben Sie das Knie nur so weit an, wie es Ihnen angenehm ist.

ALTERNATIVE
Wenn Sie Schwierigkeiten haben, bei ausgestrecktem Knie das Gleichgewicht zu halten, behalten Sie die Knie zusammen. Heben Sie die Ferse langsam in Richtung Po und spüren Sie die Dehnung im Oberschenkel.

Boot

Die Stellung versorgt Sie unmittelbar mit Energie, gibt Zuversicht und fördert die Konzentrationsfähigkeit. Sie kräftigt Bauch-, Rücken- und Beinmuskeln, regt den Kreislauf an und mindert Ängste.

VORSICHT

Bei hohem Blutdruck, Herzleiden, Bandscheibenvorfall oder Ischiasproblemen die Übung meiden.

1 Sie liegen auf dem Rücken, die Arme mit den Handflächen nach unten am Körper, die Schultern locker entspannt. Halten Sie die Beine gerade und zusammen. Die Bauchdecke hebt und senkt sich beim Atmen (Seite 23).

2 Die Aufmerksamkeit auf den Bauch gerichtet, atmen Sie tief ein, halten den Atem und heben dabei Arme, Schultern, Kopf und Rumpf etwa 10 cm hoch an. Arme und Beine gestreckt, schieben Sie die Hände in Richtung Zehen und ziehen Sie die Zehen in Richtung Kopf. Halten Sie das Gleichgewicht und halten Sie Hände und Füße ungefähr gleich hoch.

Blick auf die Zehen gerichtet

Die Zehen in Richtung Kopf gezogen

3 Wenn Sie ausatmen müssen, lassen Sie Beine, Arme, Oberkörper und Kopf langsam zu Boden gleiten. Spüren Sie, wie sich Ihr Körper entspannt. Wiederholen Sie die Übung drei- bis fünfmal.

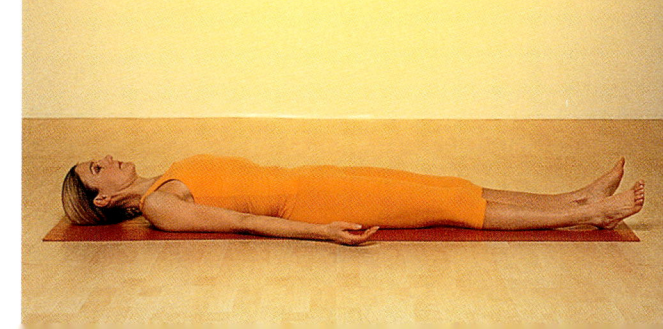

Hund
(nach unten)

Durch die belebende Dehnung kräftigt die Stellung die Glieder und löst Verspannungen in Rücken und Schultern. Diese klassische Umkehrstellung bewirkt einen wahren Energieschub.

1 Auf alle viere kommen, Arme durchgedrückt, Hände unter den Schultern, Beine und Knie hüftbreit auseinander. Nach vorne blicken und einatmen.

2 Bleiben Sie auf allen vieren, winkeln Sie die Füße an und spreizen Sie die Zehen zum Boden. Der Blick ist weiterhin nach vorne gerichtet.

VORSICHT
- Bei Rückenproblemen behutsam üben und die Knie nie ganz durchdrücken.
- Bei hohem Blutdruck, Herzerkrankung, Glaukom oder Netzhautablösung legen Sie die Hände auf einen Stuhl.

3 Mit dem Ausatmen die Hüfte anheben. Die Knie nicht ganz durchgedrückt, mit den Händen gegen den Boden drücken, um das Gewicht auf die Beine zu verlagern. Rücken gerade halten, Kopf zwischen den Armen.

4 Drücken Sie die Knie ganz durch, strecken Sie den Po zur Decke und kommen Sie auf die Zehen. Halten Sie den Rücken gerade, den Nacken entspannt und lassen Sie den Kopf locker hängen. Atmen Sie ein.

Die Rückseiten der Beine gerade

Die Fersen so weit wie möglich zum Boden gedrückt

5 Mit dem Ausatmen Fersen zum Boden bringen und die Rückseiten der Beine gerade ausrichten. Gleichmäßig weiteratmen. Knie nach vorne einknicken und mit dem Ausatmen in die Ausgangsposition zurückkehren.

Kopf entspannt zwischen den Armen

Krieger
in Angriffsstellung

Die kraftvolle und gelassene Kriegerstellung fördert die Beweglichkeit der Hüften und öffnet Schenkel und Hüften. Darüber hinaus verhilft sie zu mehr Klarheit und einem stabilen Gleichgewicht.

1 Sie stehen gerade, die Füße zusammen, die Arme an den Seiten. Bringen Sie die Handflächen vor der Brust zusammen.

2 Mit dem Ausatmen beugen Sie den Oberkörper nach unten, die Knie leicht gebeugt, und bringen Sie die Handflächen neben die Füße zum Boden. Atmen Sie ein.

3 Mit dem Ausatmen Knie beugen, mit dem rechten Fuß einen Schritt nach hinten machen, rechtes Knie auf den Boden setzen. Der Oberkörper liegt am linken Oberschenkel. Blick nach oben.

Blick
geradeaus

4 Mit dem Einatmen strecken Sie die rechte
Ferse nach hinten und heben das Knie
vom Boden ab, um die Dehnung zu verstärken. Strecken Sie den Oberkörper
durch und blicken Sie geradeaus. Atmen
Sie gleichmäßig. Kommen Sie dann wieder zum Stehen. Auf der anderen Seite
wiederholen.

Unter-
schenkel
senkrecht
zum Boden

Ferse nach
hinten ziehen

ALTERNATIVE

Bei Rückenproblemen, hohem
Blutdruck oder einer Herzerkrankung behalten Sie das
Knie auch in der Endposition
auf dem Boden. Lassen Sie
das Gewicht der Hüfte nach
unten ins Knie absinken.

Kobra

Die »Kobra«-Stellung streckt die Wirbelsäule, kräftigt die Rückenmuskeln und weitet den Brustkorb. Sie ist hervorragend geeignet, ein Gefühl von Kraft und Grazie zu vermitteln, und sie stärkt das Selbstbewusstsein.

1 Legen Sie sich auf den Bauch, Stirn auf den Boden, Fersen zusammen. Die Arme liegen an den Seiten, Handflächen nach unten. Atmen Sie aus.

2 Nehmen Sie die Hände unter die Schultern und spreizen Sie die Finger, die Mittelfinger zeigen nach vorne. Halten Sie die Ellbogen dicht am Körper und spannen Sie das Steißbein an.

VORSICHT
- Bei Gelenkproblemen die Übung auslassen.
- Bei Arthritis im Nackenbereich Kopf und Wirbelsäule in einer Linie halten.

3 Mit dem Einatmen heben Sie zuerst
Stirn, Nase und Kinn, dann Schultern
und Brust. Mithilfe der Rückenmus-
kulatur den Oberkörper bewusst Wirbel für Wirbel vom Boden aufrichten.
Den Brustkorb aufrichten, die Vorderseite des Körpers gerade halten und
die gesamte Wirbelsäule strecken.
Atmen Sie entspannt.

Die Schul-
tern ent-
spannt

Die Wir-
belsäule
dehnen

4 Wiederholen Sie die Stellung ein- oder zweimal.
Gönnen Sie sich dann ein
paar Minuten Pause: Ver-
schränken Sie die Arme
und legen Sie den Kopf mit
der Seite auf die Unter-
arme. Schließen Sie die
Augen.

Schlange

Diese Stellung dehnt die Vorderseite des Körpers, weitet den Brustkorb und fördert die Beweglichkeit im oberen Rücken. Das Zurücknehmen der Arme lindert Steifheit in den Schultern und im mittleren Rücken.

1 Legen Sie sich auf den Bauch: Stirn auf den Boden, Arme neben dem Körper mit den Handflächen nach unten. Halten Sie die Beine gerade, die Fersen zusammen. Ausatmen.

2 Mit dem Einatmen bringen Sie die Arme nach hinten auf den Rücken. Verschränken Sie die Finger, ziehen Sie, die Schultern so entspannt wie möglich, die Schulterblätter zusammen und bringen Sie die Ellbogen möglichst nah zusammen. Ausatmen.

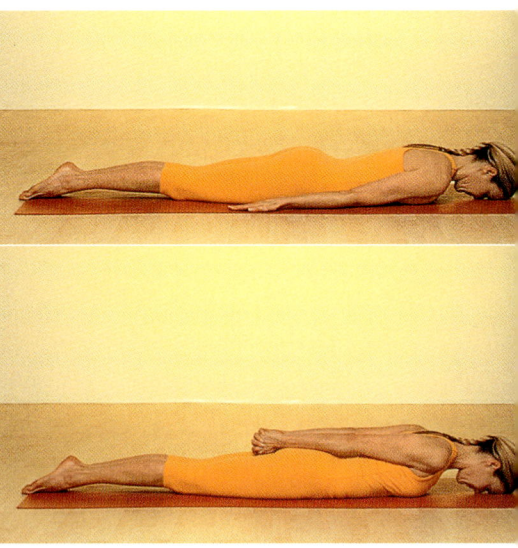

VORSICHT
Vermeiden Sie diese Übung bei Magengeschwür oder Leistenbruch.

3 Mit dem Einatmen heben Sie zunächst den Kopf, dann die Brust vom Boden ab. Blicken Sie geradeaus. Ausatmen.

4 Mit dem nächsten Einatmen strecken Sie die Arme vom Rücken hoch und strecken sich in Richtung Füße, die Hände verschränkt und die Arme eng beieinander. Halten Sie die Stellung für bis zu sieben Atemsequenzen. Fühlen Sie, wie die Bauchdecke beim Atmen gegen den Boden drückt.

Den Nacken gerade halten und die Schultern möglichst locker lassen

Schulter-blätter zusammen-ziehen

Die Fersen aneinander gedrückt halten

5 Mit dem Ausatmen lassen Sie die Arme langsam auf den Rücken sinken, ziehen das Kinn ein und legen den Kopf mit der Stirn auf den Boden.

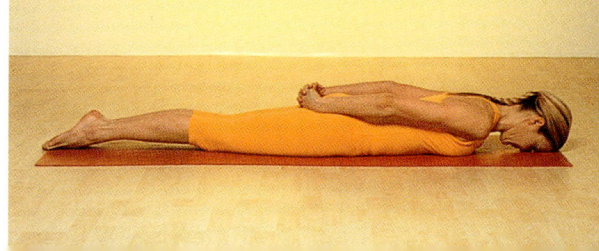

Ruhendes Krokodil

Die »Krokodil«-Stellung hat eine heilende Wirkung bei vielerlei Rücken-beschwerden wie Bandscheibenvorfall, Ischiasproblemen oder Schmerzen im unteren Rücken. Sie ermöglicht einen tiefen, vollständigen Atem.

VORSICHT
• Entspannen Sie die Fußgelenke; die Zehen zeigen entweder nach innen oder nach außen.
• Spüren Sie, wie der Bauch beim Ein-atmen gegen den Boden drückt.

1 Legen Sie sich flach auf den Bauch, Füße hüftbreit auseinander, die Arme vor dem Kopf lang ausgestreckt und die Stirn auf dem Boden. Man nennt das die umgekehrte Totenstellung.

2 Mit dem Einatmen beugen Sie die Ellbogen und legen die Handballen aneinander. Heben Sie Kopf und Schultern an und legen Sie das Kinn in die Handflächen. Halten Sie die Position für mehrere Atemzüge.

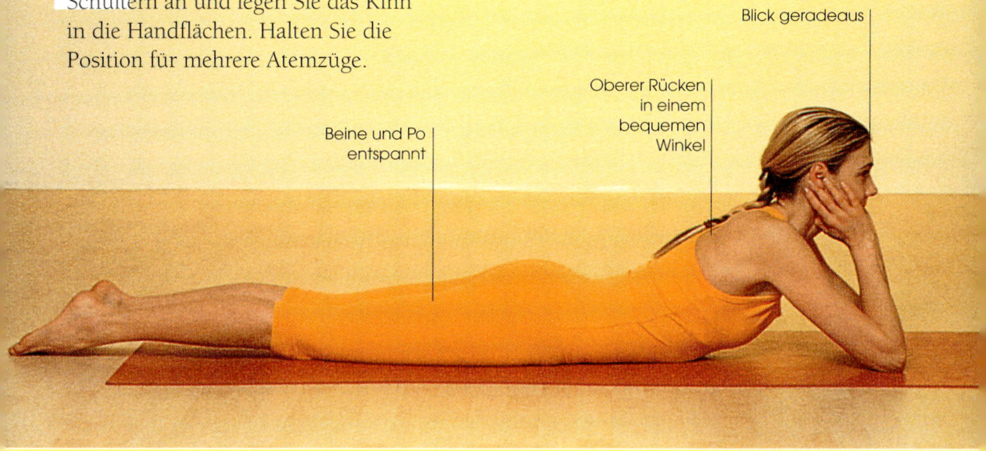

Blick geradeaus

Oberer Rücken in einem bequemen Winkel

Beine und Po entspannt

ALTERNATIVEN

Nehmen Sie die Ellbogen weiter auseinander, um Nacken und oberen Rücken zu öffnen. Setzen Sie die Ellbogen weiter vorne auf, um den Rücken flacher zu halten. Bringen Sie die Ellbogen näher zum Körper, um den Rücken steiler zu halten.

Sonnengruß

Der »Sonnengruß« synchronisiert Atem und Bewegung und fördert Durchlässigkeit, Ausdauer, Stärke und Anpassungsfähigkeit. Ideal ist es, ihn morgens zu üben: Er belebt und harmonisiert den ganzen Körper.

1 Sie stehen aufrecht, Füße zusammen, Brustkorb angehoben. Einatmen. Beim Ausatmen Handflächen in Gebetshaltung vor der Brust zusammenbringen. Atmen Sie in das Herzzentrum.

2 Beim nächsten Einatmen Arme gestreckt über den Kopf heben, die Handflächen richten Sie nach vorne. Beugen Sie sich leicht zurück. Öffnen Sie das Herz mit dem Einatmen und fühlen Sie Stärke und Zuversicht.

3 Beim Ausatmen gehen Sie aus der Hüfte in die Rumpfbeuge vorwärts. Wirbelsäule gerade lassen und gegebenenfalls in die Knie gehen. Stellen Sie sich eine Linie vom Ende der Wirbelsäule bis zu den Fingerspitzen vor. Hände mit den Fingerspitzen nach vorne neben die Füße auf den Boden bringen; Kopf zwischen die Schienbeine nehmen. Behutsam vorgehen!

4 Das rechte Bein zurücknehmen und in die »Krieger«-Stellung gehen (Seite 48). Das rechte Knie bleibt gebeugt, die Zehen eingeknickt. Eventuell Handflächen heben und sich mit den Fingerspitzen abstützen; Brustkorb zeigt nach vorne. Die geistige Aufmerksamkeit gilt dem Punkt zwischen den Augenbrauen. Das Gesicht der Sonne zugewandt, nehmen Sie die Energie der Sonnenstrahlen auf. ▶

Zehen eingeknickt

Das Knie hat Bodenkontakt

Linkes Knie und Knöchel in einer senkrechten Linie

Beim nächsten Ausatmen nehmen Sie das linke Bein ebenfalls nach hinten, drücken die Knie durch und schieben das Steißbein hoch. Strecken Sie die Arme, die Schultern möglichst weit von den Ohren entfernt. Stellen Sie sich auf die Zehen und strecken Sie dann die Beine, indem Sie die Fersen nach unten ziehen (wie beim »Hund«; Seite 46).

In einer Atempause senken Sie die Brust zum Boden ab. Neigen Sie den Kopf so nach unten, dass auch die Nase den Boden berührt; der Po bleibt oben, die Knie werden bis zum Boden gebeugt. Richten Sie die Aufmerksamkeit auf den Bauch.

Den Po zur Decke strecken

Den Brustkorb zwischen den Händen zum Boden bringen

7 Beim Einatmen den Bauch zum Boden senken und den Brustkorb wie bei der »Kobra« (Seite 50). Über Nacken und Halswirbelsäule strecken und den Kontakt zwischen Schambein und Boden spüren. Blicken Sie nach vorne.

Die Ellbogen nahe am Körper halten

8 Mit der nächsten Ausatmung gehen Sie wieder in den »Hund«. Kommen Sie auf die Zehen, drücken Sie die Knie durch und schieben Sie das Becken hoch. Strecken Sie die Arme. Richten Sie sich auf den Zehen auf und strecken Sie dann die Rückseite der Beine durch, indem Sie die Fersen nach unten ziehen. Der Kopf hängt zwischen den Armen, der Nacken ist entspannt. ▶

Beim nächsten Einatmen ziehen Sie das rechte Knie nach vorne und kommen wieder in die »Krieger«-Stellung. Setzen Sie die rechte Fußsohle neben dem rechten Daumen flach auf den Boden, Zehen- und Fingerspitzen bilden eine Linie, der Brustkorb weist nach vorne. Gehen Sie mit Ihrer Aufmerksamkeit zu dem Punkt zwischen den Augenbrauen und nehmen Sie die Energie der Sonnenstrahlen auf.

Wirbelsäule
gestreckt

Knie
direkt
über
dem Fuß-
gelenk

Zehen am
Boden

10 Beim nächsten Ausatmen kommen Sie zurück in die Rumpfbeuge vorwärts, indem Sie den linken Fuß zum rechten nach vorne ziehen. Die Hände liegen flach auf dem Boden, mit den Fingerspitzen nach vorne. Falls erforderlich, beugen Sie die Knie. Halten Sie den Kopf zwischen den Schienbeinen und gehen Sie mit Ihrer Aufmerksamkeit zum Steißbein. Gehen Sie behutsam vor!

11 Beim nächsten Einatmen beugen Sie die Knie und kommen wieder hoch: Die Bewegung dabei erfolgt aus der Hüfte. Der Nacken bildet mit der Wirbelsäule eine Linie.

12 Mit dem Ausatmen die Arme gestreckt und gerade über den Kopf bringen, sich nach hinten beugen. Öffnen Sie Ihr Herzzentrum, um Zuversicht fühlen zu können.

13 Beim nächsten Einatmen die Handflächen über dem Kopf zusammenbringen. Mit dem Ausatmen die Hände vor die Brustmitte nehmen. In den Herzraum atmen.

Blitz

Diese Meditationshaltung verbindet Wirbelsäule, Nacken und Kopf und fördert die Beweglichkeit in den Füßen und Fußgelenken. Die Ruhe, die in den Körper einkehrt, ermöglicht eine bessere Verdauung.

1 Sie stehen gerade, die Füße zusammen und die Arme an den Seiten. Schauen Sie geradeaus. Einatmen.

2 Beim Ausatmen beugen Sie die Knie nach vorne. Lassen Sie sie möglichst nahe zusammen und bringen Sie sie zum Boden.

3 Oberschenkel gerade, große Zehen zusammen und Fersen auseinander. Zehen vom Boden lösen und Füße mit dem Spann auflegen. Halten Sie die Wirbelsäule gerade. Einatmen.

4 Mit dem Ausatmen den Po auf die Füße absenken, die Fersen berühren die Hüfte seitlich. Die Hände liegen mit den Handflächen nach unten auf den Schenkeln. Einige Minuten gleichmäßig atmen. Zum Lösen der Position mit gespreizten Zehen aufsetzen und Knie anheben. Mit einer Einatmung kommen Sie zum Stehen.

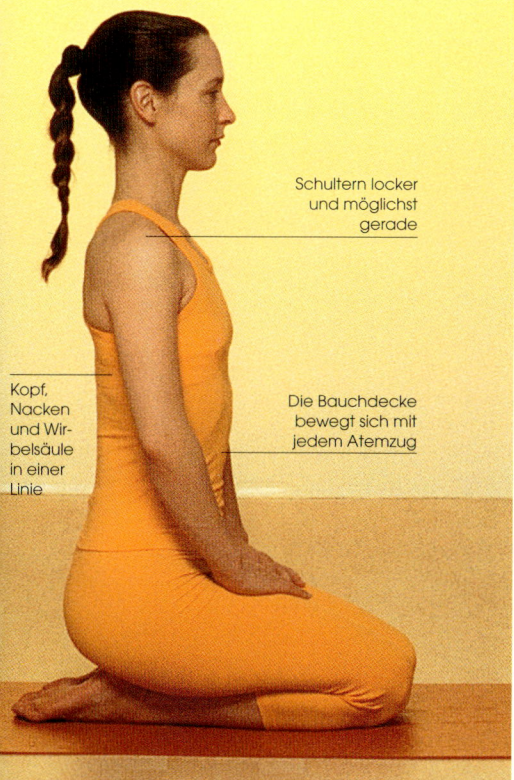

Schultern locker und möglichst gerade

Kopf, Nacken und Wirbelsäule in einer Linie

Die Bauchdecke bewegt sich mit jedem Atemzug

ALTERNATIVEN

Wenn Ihnen die Knöchel wehtun, legen Sie ein gerolltes Handtuch unter die Fußgelenke. Wenn Sie Krampfadern oder Probleme mit den Knien haben, klemmen Sie ein gerolltes Handtuch zwischen Knie und Waden. Bei Schmerzen in den Oberschenkeln halten Sie die Beine weiter auseinander.

Philosoph

Diese Stellung, die Körper und Geist schnell entspannt, fördert die Konzentrationsfähigkeit und klares Denken. Es entwickelt sich ein ruhiges, kontemplatives Selbstvertrauen.

1 Ausgangsposition ist die »Blitz«-Stellung (Seite 62). Auf die Knie gehen und auf die Fersen setzen. Richten Sie den Rücken auf, die Handflächen ruhen auf den Schenkeln. Schauen Sie geradeaus. Atmen Sie durch. Beim Ausatmen spüren Sie, wie Ihr Körpergewicht auf den Fersen ruht. Das Bewusstsein richtet sich nach innen.

VORSICHT

Halten Sie Nacken und Wirbelsäule gestreckt und spüren Sie die durchgehende Verbindung vom Steißbein bis zum Scheitel.

2 Beim Einatmen rechtes Knie anheben und rechte Fußsohle an der Innenseite des linken Knies flach auf dem Boden aufsetzen. Das rechte Knie befindet sich über dem rechten Knöchel.

3 Mit dem Ausatmen den rechten Ellbogen anheben und auf das rechte Knie setzen. Kinn in die rechte Handfläche stützen. Augen schließen. Konzentrieren Sie sich für zwei Minuten auf den Atem. Zum Lösen der Stellung bringen Sie die rechte Hand und das rechte Knie nach unten. Wiederholen Sie die Übung auf der linken Seite.

Die Wirbelsäule gestreckt halten; Kopf und Nacken in einer Linie mit der Wirbelsäule

Knöchel und Knie bilden eine Linie

Brüllender
Löwe

Diese Stellung hilft bei übermäßiger Introvertiertheit. Sie macht eine schöne Stimme und gibt Ihnen das Selbstvertrauen, sie auch einzusetzen. Gesicht, Kiefer und Kehle werden gedehnt.

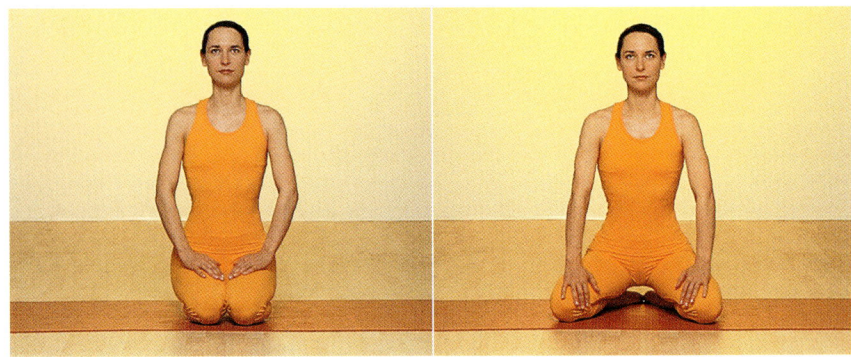

1 Knien Sie in der »Blitz«-Stellung (Seite 62), Knie zusammen, Handflächen auf den Schenkeln. Wenn möglich, schauen Sie in die Sonne. Einatmen.

2 Mit der Ausatmung nehmen Sie die Knie etwa 45 cm auseinander. Spreizen Sie die Finger knapp über den Knien, die Daumen nahe am Körper.

VORSICHT
• Wenn Sie die Stellung sicher beherrschen, sind bis zu 20 Wiederholungen möglich.
• Bei Problemen mit den Knien oder Handgelenken setzen Sie sich auf einen Stuhl.

3 Handflächen zwischen den Knien flach auf den Boden bringen, die Finger zeigen zum Körper. Einatmen. Senken Sie die Schultern und beugen Sie sich mit langer und gerader Wirbelsäule leicht nach vorne. Ausatmen.

4 Drücken Sie den Brustkorb nach vorne und atmen dabei tief durch die Nase ein. Im Anschluss daran öffnen Sie den Mund so weit wie möglich und strecken die Zunge nach unten zum Kinn raus. Beim Ausatmen lassen Sie ein langes, kehliges »Aaahhh« tönen, einem sanften Brüllen ähnlich. Fühlen Sie Klang und Atem über die Zunge gleiten. Danach die Zunge wieder in den Mund zurückholen und die Lippen schließen. Wiederholen Sie das Brüllen drei- bis siebenmal.

Nacken gerade und Kinn nach oben, so wird die Kehle vorne gedehnt

5 Nach der letzten Wiederholung legen Sie die Arme zu den Seiten und beugen sich mit der Ausatmung aus der Hüfte heraus mit der Stirn zum Boden. Halten Sie die Position für mehrere Atemzüge.

Kamel

Diese vitalisierende Rückwärtsstreckung fördert Zuversicht und Selbstvertrauen. Sie dehnt die gesamte Muskulatur und weitet den Brustkorb. Verspannungen im oberen Rücken werden gelindert.

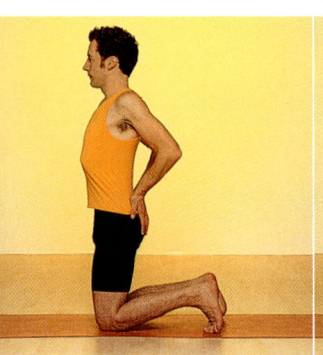  

1 Auf die Knie gehen, Beine hüftbreit auseinander. Zehen spreizen. Hände auf die Pobacken legen. Einatmen.

2 Bringen Sie bei gerader Wirbelsäule die Hände die Schenkel entlang nach unten bis zu den Schienbeinen.

3 Brust beim Ausatmen nach vorne drücken und Fersen fassen. Schulterblätter zusammenziehen, um den Brustkorb zu weiten.

VORSICHT
• Bei hohem Blutdruck, einer Herzerkrankung, Rückenproblemen, Leistenbruch oder Bauchoperationen nicht über Schritt 2 hinausgehen.
• Bei Halswirbelproblemen: Kopf nicht in den Nacken legen (Schritt 4).

4 Halten Sie die Position, das Gewicht gleichmäßig auf Knie und Hände verteilt, und heben Sie bei geradem Nacken das Kinn Richtung Decke. Halten Sie die Position drei Atemzüge lang. Zum Lösen der Stellung nehmen Sie das Kinn nach unten und die Hände die Beine entlang zurück zum Po. Mit dem Einatmen kehren Sie in die Ausgangsposition zurück.

Den Kopf nicht nach hinten fallen lassen

Brust und Bauch mit dem Atem heben und senken

Schultern gerade und Wirbelsäule gestreckt

Schenkel möglichst senkrecht zum Boden halten

5 Beim Ausatmen gehen Sie nach vorne in die »Kind«-Stellung (Seite 72), Wirbelsäule gestreckt. In den Bauch atmen und den Druck gegen die Schenkel spüren. Entspannen Sie in dieser Position einige Minuten lang.

Katze

Diese Stellung bringt Atem und Bewegung in Einklang und verbindet Geist und Körper. Sie lindert Verspannungen im Rücken und fördert den vollständigen Yogaatem (Seite 23).

Beginnen Sie auf allen vieren, die Arme gestreckt, Hände schulterbreit flach auf dem Boden, die Finger leicht gespreizt und nach vorne gerichtet. Pressen Sie die Hände fest gegen den Boden, damit die Schultern nicht absacken. Den Blick zum Boden gerichtet, atmen Sie ein.

VORSICHT

Bei schwachen Handgelenken stützen Sie den Körper ab, indem Sie die Unterarme auf Bücher oder einen Holzblock legen.

Beim Ausatmen bringen Sie das
Kinn zur Brust und drücken
den Rücken nach oben durch,
der ganze Rücken sollte rund
sein (Katzenbuckel). Drücken
Sie die Handballen gegen den
Boden und spüren Sie den
Raum zwischen den Schulterblättern.

2

Katzenbuckel
machen

Nacken gestreckt
halten

Mit dem Einatmen das Steißbein
hochziehen, sodass sich der
untere Rücken senkt. Steißbein
weiter anheben und spüren, wie
sich zuerst der mittlere Teil des
Rückens, dann der obere senkt.
Der Blick ist nach vorne auf den
Boden gerichtet. Schritte 2 und 3
mehrere Male wiederholen und
spüren, wie die Bewegung die
Wirbelsäule von ganz unten bis
zum Nacken durchläuft. Ausatmen und in die Position »Hase«
(Seite 74) gehen.

3

Bauch und
unterer Rücken
sollen leicht
durchhängen

Blick bei
entspann-
tem Hals
nach vorne
gerichtet

Kind

Die »Kind«-Stellung sorgt für eine Streckung der Wirbelsäule und wirkt beruhigend; Schultern und Nacken entspannen. Wie sonst kaum eine Position vermittelt sie ein Gespür für die Bauchatmung (Seite 23).

1 Aus dem Knien setzen Sie sich auf die Fersen, die Arme entspannt am Körper. Strecken Sie die Wirbelsäule durch und sehen Sie geradeaus. Einatmen.

2 Mit dem Ausatmen beugen Sie sich aus der Hüfte heraus langsam nach vorne; der Po bleibt auf den Fersen und die Arme bleiben am Körper.

VORSICHT

• Wenn Sie mit dem Kopf nicht ganz auf den Boden kommen, legen Sie ihn auf die übereinander gestellten Fäuste.

• Bei hohem Blutdruck, Glaukom, Netzhautablösung oder Rückenproblemen legen Sie den Kopf auf einen Stuhl.

3 Beugen Sie sich weiter nach vorne, bis die Stirn, bei eingezogenem Kinn, auf dem Boden liegt; das Gewicht der Arme zieht die Schultern sanft zu Boden. Halten Sie die Position für einige Atemzüge.

Der runde Rücken dehnt die Schulterblätter

Entspannter Nacken: Das Gewicht des Kopfes ruht auf dem Boden

Steißbein über den Fersen

4 Zum Verlassen der Stellung stützen Sie sich mit den Handflächen auf Schulterhöhe ab und drücken sich mit dem Einatmen langsam hoch. Sie sitzen wieder auf den Fersen, die Arme an den Seiten, Rücken gerade.

Hase

Diese Stellung beruhigt und befreit von allzu strenger Selbstkritik und Wut und schenkt Frieden. Darüber hinaus dehnt sie den Rücken und sorgt für eine gute Haltung der Wirbelsäule.

1 »Blitz«-Position (Seite 62) einnehmen. Rücken gerade halten, die Hände ruhen auf den Schenkeln.

2 Einatmen: Arme so über den Kopf bringen, dass Sie von den Fingerspitzen bis zur Wirbelsäule eine Linie bilden.

3 Mit dem Ausatmen beugen Sie sich aus der Hüfte heraus nach vorne, dabei bleiben die Finger gestreckt.

4 Kommen Sie mit Stirn und Handflächen gleichzeitig zum Boden. Strecken Sie die Arme weit von sich und spüren Sie die Streckung in den Achselhöhlen; atmen Sie dabei vollständig und leicht weiter. Mit einem Einatmen kommen Sie wieder in die aufrechte Position, der Kopf bleibt dabei zwischen Armen und Rücken.

Der obere Teil des Rückens ist weit und entspannt

Arme nach vorne gestreckt

Das Gewicht des Pos ruht auf den Fersen

ALTERNATIVEN

Wenn Sie die Knie nicht zusammenhalten können, nehmen Sie sie auseinander. Wenn der Fersensitz unbequem für Sie ist, legen Sie ein Kissen zwischen Fersen und Po. Bei hohem Blutdruck, Glaukom, Netzhautablösung oder Rückenproblemen stützen Sie die Hände beim Vorwärtsbeugen auf einem Stuhl ab.

Chandra-
Sequenz

Diese Sequenz erfordert und fördert Balance und Kraft. Sie unterstützt den Bewegungsablauf und das Selbst-Bewusstsein nachhaltig und belebt und entspannt die Beckengegend.

1. Beginnen Sie in der »Blitz«-Stellung (Seite 62). Bringen Sie die Hände vor die Brust, mit den Handflächen aneinander (Gebetshaltung). Ausatmen.

2. Mit dem Einatmen kommen Sie auf die Knie, Oberschenkel senkrecht zum Boden, der Rücken gerade, die Hände in Gebetshaltung.

3. Mit dem Ausatmen strecken Sie die Arme gerade nach vorne aus. Die Handflächen bleiben aneinander, die Finger zeigen nach vorne.

4 Beim Einatmen breiten Sie die Arme in Schulterhöhe zur Seite aus; sie bleiben gestreckt.

5 Atmen Sie aus, während Sie links einen Schritt nach vorne machen. Ober- und Unterschenkel bilden einen 90°-Winkel, Knie und Knöchel des linken Beins bilden eine senkrechte Linie. Halten Sie die Arme weit ausgebreitet. Atmen Sie ein.

▶

6 Beim Ausatmen drehen Sie Oberkörper, Kopf und ausgestreckte Arme nach links. Sie blicken auf Ihren ausgestreckten linken Arm.

7 Arme in Schulterhöhe ausgebreitet, kommen Sie mit dem Einatmen nach vorne zurück. Blicken Sie geradeaus.

8 Beim Ausatmen Oberkörper, Kopf und ausgebreitete Arme nach rechts drehen. Ihr Blick ruht auf dem ausgestreckten rechten Arm. Beide Arme gerade und auf Schulterhöhe halten.

9 Arme gerade und auf Schulterhöhe, kehren Sie mit dem Einatmen nach vorne zurück. Schauen Sie geradeaus.

10 Mit der Ausatmung von der Taille aus nach links beugen, sodass der linke Arm mit den Fingerspitzen den Boden berührt. Der rechte Arm geht nach oben, zwischen rechten und linken Fingerspitzen entsteht eine lange, gerade Linie. Sehen Sie nach oben. Mit dem Einatmen zur Mitte zurückkehren.

11 Mit der Ausatmung von der Taille aus nach rechts beugen, sodass der rechte Arm mit den Fingerspitzen den Boden berührt. Der linke Arm geht nach oben. Sehen Sie nach oben zur linken Hand. Mit dem Einatmen zu Schritt 9 zurückgehen. ▶

12 Ausatmen, dabei mit der linken Hand nach oben und mit der rechten Hand nach hinten greifen, die Zehen des rechten Fußes fassen und diesen zur rechten Pohälfte ziehen. Einatmen und dabei die linke Hand weiter nach oben ziehen. Rechten Fuß wieder zu Boden lassen und mit dem Ausatmen den linken Arm nach unten nehmen. Einatmen.

13 Atmen Sie aus, greifen Sie dabei mit der rechten Hand nach oben und gleichzeitig mit der linken Hand nach hinten, fassen die Zehen des linken Fußes und ziehen ihn zur linken Pohälfte. Atmen Sie ein und ziehen Sie dabei die rechte Hand noch weiter nach oben. Sehen Sie nach oben.

14 Lassen Sie den linken Fuß wieder zu Boden und nehmen Sie mit dem Ausatmen den rechten Arm nach unten. Einatmen. Mit dem Ausatmen nehmen Sie das linke Bein zurück und kehren in die Blitz-Position zurück.

15 Gehen Sie von der Taille aus nach unten auf alle viere, Arme gestreckt, Hände schulterbreit auseinander, die Finger gespreizt und nach vorne gerichtet. Schauen Sie geradeaus leicht nach oben, atmen Sie vollständig ein und drücken dabei die Wirbelsäule etwas nach unten durch wie in Schritt 3 der »Katze« (Seite 71).

16 Beim Ausatmen bringen Sie das Kinn zur Brust und machen Sie den Rücken rund wie bei Schritt 2 der »Katze«. Drücken Sie die Hände gegen den Boden und spüren Sie den Raum zwischen den Schulterblättern. Atmen Sie ein, nehmen Sie den Kopf hoch und kehren zu Schritt 15 zurück. ▶

17 Mit der Ausatmung spreizen Sie die Zehen und drücken das Steißbein wie beim »Hund nach oben« (Seite 46). Ellbogen und Knie stabil, Arme und Beine gerade halten.

18 Mit dem Einatmen strecken Sie das linke Bein mit angezogenem Fuß nach oben. Der Kopf hängt bei entspanntem Nacken zwischen den Armen.

19 Mit dem Ausatmen setzen Sie das linke Bein wieder auf den Boden und kehren zurück in die »Hund«-Position. Atmen Sie vollständig durch.

20 Beim Einatmen das rechte Bein mit angezogenem Fuß nach oben strecken. Atmen Sie aus, wenn Sie mit dem Fuß wieder auf den Boden zurückkommen. Atmen Sie ein.

21 Mit der Ausatmung die Knie beugen, den Kopf auf den Boden bringen und die »Hase«-Stellung (Seite 74) einnehmen. Mit dem Einatmen in die »Blitz«-Position zurückkommen. Sequenz spiegelbildlich wiederholen.

ALTERNATIVEN

• Falls Ihre Knie (v. a. in Schritt 12 und 13) schmerzen, legen Sie ein gefaltetes Handtuch darunter.

• Wenn Sie Schwierigkeiten mit dem Gleichgewicht haben (v. a. in Schritt 10 und 11), stützen Sie sich mit dem Handballen auf einem bereit gestellten Holzblock oder einem Stapel Bücher ab.

Delfin

Der »Delfin« ist eine unerlässliche Vorübung für den Kopfstand (Seite 86). Sie sollten ihn mindestens zehnmal sicher und bequem hintereinander wiederholen können, ehe Sie sich am Kopfstand versuchen.

1 Sie sitzen auf den Fersen, die Hände liegen auf den Oberschenkeln. Atmen Sie ein und schieben Sie sich dann mit dem Ausatmen nach vorne.

2 Mit der Einatmung gehen Sie auf Knie und Ellbogen, Ellbogen unter den Schultern, die Hände liegen an den Ellbogen.

3 Ohne die Ellbogen zu bewegen, Hände nach vorne schieben, Finger verschränken. Schultern zurück und nach unten ziehen.

Mit dem Einatmen spreizen Sie die Zehen und drücken die Beine hoch, sodass sich der Po hebt und Ihr Gewicht auf Ellbogen und Unterarmen liegt. Die Finger bleiben verschränkt.

Den Kopf heben. Mit der Einatmung Kopf und Schultern nach vorne bewegen. Die Schultern sind über den Händen. Spüren Sie Ihr Gewicht auf Ellbogen und Unterarmen. Mit dem Ausatmen zurückbewegen. Wiederholen Sie die Bewegung: einatmen vorwärts und ausatmen zurück. Um die Stellung zu verlassen, auf alle viere und dann auf die Fersen gehen. In der »Hase«-Stellung (Seite 74) entspannen.

Kopf und Nacken bei den Bewegungen parallel zum Boden halten

Die Schultern locker lassen

VORSICHT

• Bei hohem Blutdruck, Herzerkrankungen, Glaukom oder Netzhautablösung sollten Sie den Delfin nicht praktizieren.

• Vermeiden Sie die Stellung während der Menstruation.

Kopfstand

Das ist die yogische Königsstellung: Sie verjüngt den Körper von Grund auf und ermöglicht eine einzigartige Sicht der Dinge. Sie sollte unter Anleitung eines qualifizierten Yogalehrers gelernt werden.

Eine rutschfeste Matte vor sich hinlegen. Auf die Fersen setzen, Hände auf den Oberschenkeln. Einatmen.

Mit dem Ausatmen setzen Sie die Ellbogen schulterbreit auseinander auf die Matte; achten Sie auf einen stabilen Halt.

Ohne die Ellbogen zu bewegen, Finger verschränken und Handgelenke ablegen. Schultern zurück- und nach unten ziehen.

VORSICHT

Bei hohem Blutdruck, Herzerkrankungen, Glaukom, Netzhautablösung, Blutstau, Nackenproblemen, Übergewicht oder während der Menstruation Übung vermeiden.

4 Setzen Sie den Kopf genau mit dem Scheitelpunkt auf den Boden und schmiegen Sie die Rückseite des Kopfes in die Wölbung der Hände. Atmen Sie ein.

5 Mit der Ausatmung ziehen Sie die Schultern vom Kopf weg nach hinten. Spreizen Sie die Zehen und strecken die Beine, sodass Sie spüren, wie Ihr Gewicht auf Ellbogen und Unterarmen ruht. Drücken Sie den Po hoch.

6 Mit dem Gewicht auf den Unterarmen und den zurückgezogenen Schultern beginnen Sie, sich auf den Zehenspitzen in Richtung Kopf zu bewegen. Darauf achten, wie der Körperschwerpunkt sich verlagert, je näher die Füße zum Kopf kommen. Spüren Sie, wie die Wirbelsäule sich senkrecht streckt, während das Steißbein über den Kopf gebracht wird. Atmen Sie gleichmäßig. ▶

Den unteren Rücken langsam in die Vertikale bringen

Die Schultern locker lassen

7 Sobald Sie spüren, wie sich der Körperschwerpunkt endgültig verlagert, heben Sie ein Bein vom Boden, das Knie angezogen. Atmen Sie ruhig weiter.

8 Nehmen Sie das andere Bein hoch. Position mit angezogenen Knien halten, während Sie weiteratmen und sich an die Umkehrung gewöhnen.

9 Wenn Sie sich sicher fühlen, heben Sie langsam die Knie an, zunächst bis in Hüfthöhe, dann darüber hinaus. Lassen Sie den Atem frei fließen.

10 Strecken Sie die Beine erst dann voll durch, wenn Sie das Gleichgewicht sicher halten können.

Atmen Sie ruhig

Ziehen Sie die Schultern vom Hals weg

11 Zum Lösen der Stellung die Knie langsam zum Bauch nehmen. Kurz innehalten. Dann bringen Sie die Füße nacheinander auf den Boden zurück.

12 Mit dem Po auf die Fersen zurückkommen. Atmen Sie aus und entspannen Sie, die Stirn auf der Matte, in der »Hase«-Stellung (Seite 74).

Wirbelsäulen-drehung 1

Diese einfache Drehung dehnt die Bauchmuskulatur und lindert Steifheit nach zu langem Sitzen; zudem weitet sie den Brustkorb, macht die Hüften beweglich und wirkt erholsam und erfrischend.

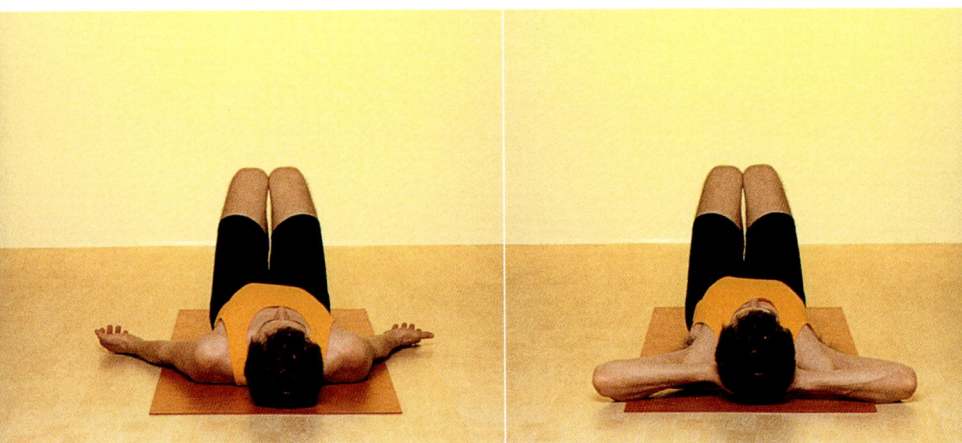

1 Sie liegen auf dem Rücken, die Knie angezogen, Füße flach aufliegend. Halten Sie die Knie zusammen und spüren Sie den Kontakt zwischen Lendengegend und Boden.

2 Verschränken Sie die Hände unter dem Kopf, bringen Sie die Schultern und Ellbogen auf den Boden und ziehen Sie das Kinn etwas an. Atmen Sie in den Bauch.

Mit der Ausatmung lassen Sie die Knie nach rechts zum Boden sinken, halten Sie die Knie dabei zusammen. Die Schultern und Ellbogen bleiben am Boden.

Sobald die Knie auf den Boden kommen, drehen Sie, gleichmäßig atmend, den Kopf nach links. Sie lösen die Stellung, indem Sie mit der Einatmung Kopf und Füße wieder in die Mitte bringen. Spiegelbildlich wiederholen.

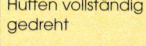

Hüften vollständig gedreht

Ellbogen am Boden

ALTERNATIVEN

Wenn Sie mit den Ellbogen nicht zum Boden kommen, breiten Sie die Arme in Schulterhöhe aus. Fühlen Sie den Kontakt zwischen Schulterblättern und Boden; der Brustkorb wird geweitet.

Wirbelsäulen-drehung 2

Wie die »Wirbelsäulendrehung 1« (siehe Seite 90) stärkt diese Stellung die Bauchmuskeln und lindert Steifheit nach zu langem Sitzen. Zusätzlich befreit sie blockierte Energie in Schultern und Hüften.

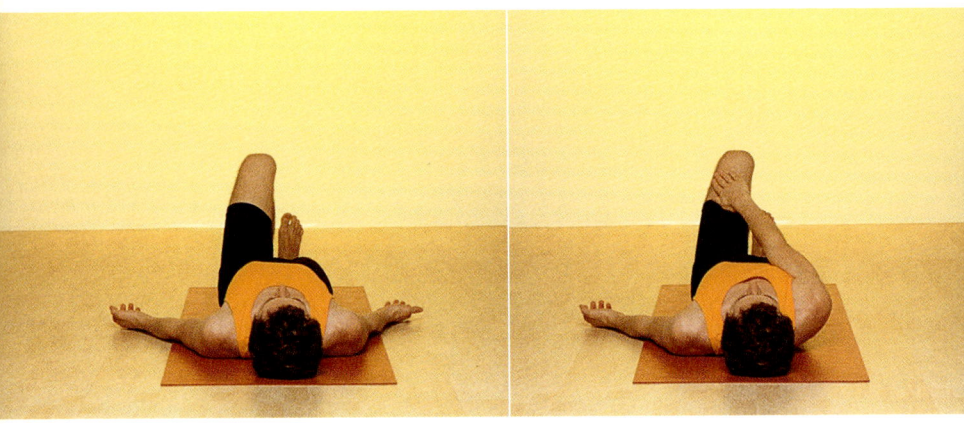

1 Sie liegen auf dem Rücken, Beine ausgestreckt und zusammen, Arme mit den Handflächen nach oben neben dem Körper. Ziehen Sie das linke Knie an und bringen Sie die Zehen des linken Fußes unter das rechte Knie.

2 Fassen Sie mit dem rechten Arm über den Körper zum linken Bein. Die Handfläche liegt unterhalb des Knies auf. Atmen Sie in den Bauch.

3 Mit der Ausatmung das linke Knie über den Körper nach rechts zum Boden absenken. Hat das Knie den Boden erreicht, mit der Hand auf dem Knie in dieser Stellung bleiben.

4 Drehen Sie den Kopf nach links und atmen Sie einige Male entspannt durch. Zum Verlassen der Stellung bringen Sie mit der Einatmung Kopf und Knie wieder in die Mitte. Spiegelbildlich wiederholen.

Schulterblatt angehoben

Arm entspannt am Boden

Knie in Kontakt mit dem Boden

ALTERNATIVE

Um den Schultergürtel stärker zu dehnen, versuchen Sie, die Schulterblätter auf dem Boden zu halten. Vielleicht kommen Sie dann mit dem Knie nicht ganz zum Boden, stützen Sie es dann mit der Hand ab.

Atemübungen

Die folgenden Atemübungen können jeweils für sich praktiziert werden, um das Bewusstsein für den Atem zu wecken. Besonders hilfreich sind sie als Einstimmung vor dem Meditieren.

Die hier beschriebenen Atemübungen sollen Ihnen dabei helfen, bewusster zu atmen und zu Ruhe und geistiger Klarheit zu finden. Sinnvoll ist es, sie im Anschluss an Yoga- oder Dehnübungen zu machen. Bewegung lockert den Körper, und Sie können bei den Atemübungen besser entspannen. Das Bewusstsein über den Atem ist der Ausgangspunkt dafür, den Blick nach innen richten und Gedanken, Gefühle und Verhaltensmuster mehr und mehr durchschauen zu können.

Mudras

Vielleicht möchten Sie die eine oder andere Übung durch ein Mudra ergänzen. Es gibt viele Mudras im Yoga. Zwei davon – das Bewusstseins-Mudra und das Wissens-Mudra – werden auf den Seiten 104–105 vorgestellt. Diese sollen eine Verbindung zwischen dem Individuum und dem universellen Bewusstein darstellen, eine Erinnerung daran, dass wir nie ohne Beistand sind.

Wenn Ihnen die wechselseitige Nasenlochatmung (siehe gegenüber) vertraut ist, stellen Sie sich, wenn Sie sich zentrieren möchten, vor, wie der Atem abwechselnd durch die Nasenlöcher ein- und ausströmt, ohne dass Sie Ihre Hände gebrauchen; diese so genannte Dreiecksatmung kann Ihnen helfen, sich in der Öffentlichkeit schnell und sicher zu zentrieren.

Die Techniken »Das Feuer schüren« (siehe Seite 96) und »Den Schädel erleuchten« (siehe Seite 97) lernen Sie am besten in einem Kurs.

Wechselseitige Nasenlochatmung

Wechselnde Nasenlochatmung wirkt ausgleichend auf Geist, Körper und Gefühle. Beginnen Sie, indem Sie bewusst auf den Atem achten, und atmen Sie mehrmals hintereinander tief ein und aus (Seite 23).

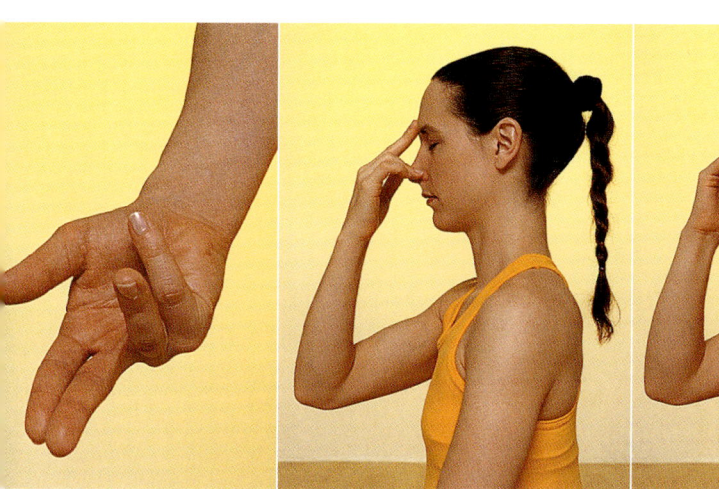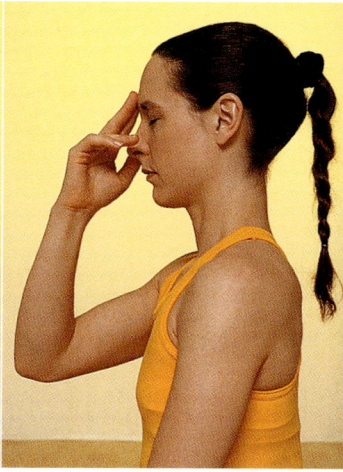

1 Bequem sitzen. Brustbein anheben und Schultern entspannen. Kleinen Finger der rechten Hand in die Handfläche nehmen. Zeige- und Mittelfinger gerade halten. Die Spitze des Ringfingers befindet sich gegenüber dem Daumen.

2 Heben Sie die rechte Hand zum Gesicht. Zeige- und Mittelfinger der rechten Hand liegen zwischen den Augenbrauen. Verschließen Sie das linke Nasenloch mit dem Ringfinger und atmen Sie durch das rechte Nasenloch ein.

3 Rechtes Nasenloch mit dem Daumen verschließen und das linke öffnen; durch das linke Nasenloch ausatmen, dann wieder ein. Linkes Nasenloch verschließen und rechtes öffnen, um durch es auszuatmen. Das ist eine Atemrunde.

Das Feuer schüren

Diese Übung, die Sie mit leerem Magen praktizieren sollten, kräftigt die Bauchmuskeln und sorgt für bessere Verdauung. Sie bringt Vitalität und hilft, Depressionen und Lethargie zu überwinden.

1 Aufrecht stehen, Beine hüftbreit auseinander. In die Knie gehen und die Handballen auf die Oberschenkel stützen. Glleichmäßig atmen; Atem tiefer werden lassen und auf die Bauchmuskeln konzentrieren: Spüren, wie der Atem herausgepresst wird. Tief aus-, aber nicht einatmen: Bauchmuskeln noch fester einziehen.

2 Entspannen Sie die Muskeln und lassen Sie den Bauch herausschnellen. Dann ziehen Sie die Bauchmuskeln ruckartig wieder ein, um sie gleich wieder loszulassen. Wiederholen Sie dieses Anspannen und Entspannen, bis Sie wieder einatmen müssen.

VORSICHT
- Bei Schwindel legen Sie eine Pause ein.
- Melden Sie die Übung bei hohem Blutdruck oder Epilepsie, während der Menstruation oder wenn beide Nasenlöcher verstopft sind.

Den Schädel erleuchten

Sollte wie die Übung »Das Feuer schüren« (siehe links) mit leerem Magen praktiziert werden. Die Bauchmuskeln werden gekräftigt, die Verdauung angeregt, die Vitalität gesteigert und die Geistesklarheit gefördert.

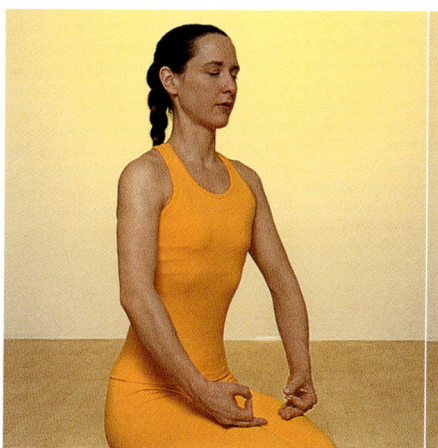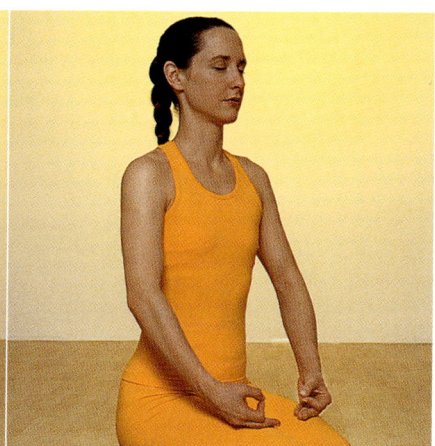

1 Sie sitzen auf den Fersen, die Hände im Bewusstseins-Mudra (Seite 104) auf den Oberschenkeln. Spüren Sie, wie sich der Bauch beim Atmen bewegt. Am Ende eines Einatems ziehen Sie die Bauchmuskeln ruckartig und kräftig nach innen; dadurch wird die Luft durch die Nase herausgepresst, was Sie deutlich hören und spüren.

2 Unmittelbar danach lassen Sie die Bauchmuskeln wieder los, sodass die Einatmung von selbst geschehen kann. Drei- bis fünfmal wiederholen.

VORSICHT
Es gelten dieselben Regeln wie für »Das Feuer schüren« (siehe links).

Atmen mit Summton

Summen beim Atmen hilft gegen
Stress, Wut und Ängste. Daneben vermittelt es ein Gefühl tiefer Ruhe,

senkt hohen Blutdruck und lindert
Schlaflosigkeit. Es kräftigt die Stimme
und verhilft zu innerem Frieden.

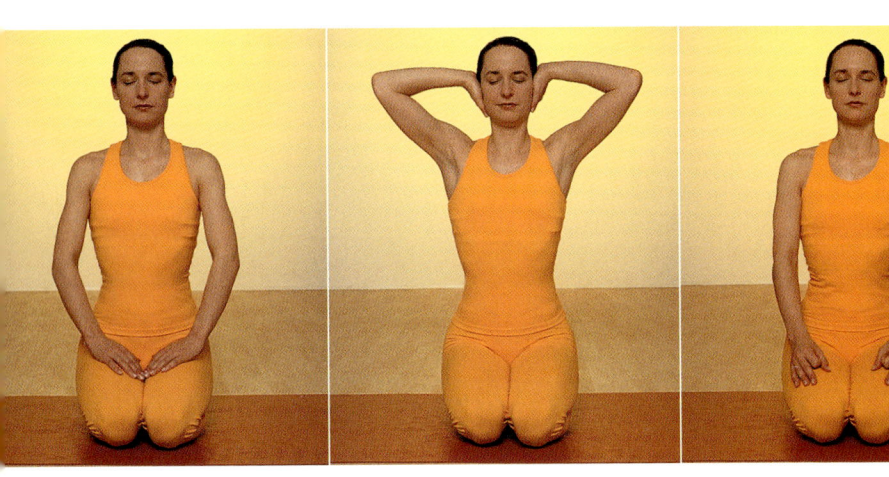

1 Nehmen Sie, mit gerader Wirbelsäule, eine
von Ihnen bevorzugte
Sitzhaltung ein – gut
geeignet ist z. B. die
»Blitz«-Position (Seite
62). Schließen Sie die
Augen und atmen Sie
vollständig durch
(Seite 23).

2 Mit dem Einatmen die
Ellbogen anwinkeln,
nach hinten ziehen
und auf Schulterhöhe
bringen. Handballen
gegen die Ohren pres-
sen. Mund geschlossen
lassen, Kiefer und
Zähne entspannen. Bei
geschlossenem Mund
mit einem tiefen
Summton ausatmen.

3 Lassen Sie den Ton
mit dem Ausatmen
verklingen. Wieder-
holen Sie fünfmal;
behalten Sie die Posi-
tion der Hände wäh-
rend der ganzen Zeit
bei. Nach dem letzten
Durchgang legen
Sie die Hände im
Wissens-Mudra ab
(Seite 105).

Atem-Balance-Haltung

Diese Übung lässt den Atem tief werden, bessert die Verdauung und gilt als effektive Methode, ins Gleichgewicht zu kommen. Einige Minuten in der Atem-Balance-Haltung ermöglichen einen wachen Geisteszustand.

1 Sie sitzen auf den Fersen, Wirbelsäule aufrecht. Wenn das unbequem ist, legen Sie ein Kissen zwischen Fersen und Po. Die Schultern fallen lassen, die Hände ruhen auf den Oberschenkeln. Atmen Sie sieben Atemzüge bewusst tief ein und aus, bis sich der vollständige Atem einstellt (Seite 23).

2 Wenn der Atem gleichmäßig fließt, rechten Daumen in die linke Achselhöhle und linken Daumen in die rechte klemmen. Augen schließen. Stellen Sie sich die Atembewegung wie ein Dreieck vor: Der Atem strömt in der Nase hoch zum Punkt zwischen den Augenbrauen.

Anrufung der Energie

Diese auch als »Mudra des Friedens« bekannte Übung stärkt Lebendigkeit, Vertrauen und Zuversicht. Atem und Armbewegung werden fein aufeinander abgestimmt und vermitteln ein Gefühl für ein symbolisches Abgeben und Aufnehmen von Energie, was zu tiefer Ruhe und Akzeptanz führt.

1 Sie sitzen mit überkreuzten Beinen. Schließen Sie die Augen. Die Hände liegen mit den Handflächen nach oben entspannt im Schoß. Dreimal gleichmäßig ein- und ausatmen.

2 Sobald sich beim nächsten Einatmen der Bauch nach vorne wölbt, heben Sie die Hände auf Bauchhöhe, die Fingerspitzen zeigen zueinander.

3 Wenn sich beim nächsten Einatmen der Brustkorb zu wölben beginnt, bringen Sie die Hände langsam zur Brust hoch, bis sie auf einer Höhe mit den Brustwarzen sind.

Fühlen Sie bei der
nächsten Einatmung,
wie die Lungenspitzen
weit werden, und brin-
gen Sie dabei die Hände
zu den Schlüsselbeinen.

Halten Sie den Atem in der Lunge
und breiten Sie dabei die Arme angewinkelt mit nach oben gerichteten
Handflächen aus. Bleiben Sie so lange
in dieser Position, wie Sie den Atem
halten können. Mit der nächsten Ausatmung lassen Sie die Hände langsam
wieder in den Schoß sinken. Entspannen Sie sich und atmen Sie normal.

Konzentrations-übungen

Konzentrationsübungen verhelfen zu größerer geistiger Klarheit, eine der Grundvoraussetzungen für Selbstvertrauen. Zudem verbessern sie die Gedächtnisleistung und lindern Ängste und Depressionen.

Konzentriertes Schauen

Bei dieser Übung gilt die Aufmerksamkeit anfangs einem äußeren Bezugspunkt und später dem inneren Abbild vor unserem geistigen Auge. Die Aufmerksamkeit nach innen zu richten ist von entscheidender Bedeutung für ein waches Selbst-Bewusstsein und eine innere Klarheit, die wir für ein sicheres Selbstwertgefühl brauchen.

Wählen Sie eine bequeme Sitzposition, wie zum Beispiel den »Blitz« (Seite 62) und stellen Sie in Armeslänge eine

Kerze so vor sich auf, dass die Flamme in Augenhöhe ist. Halten Sie Kopf, Nacken und Wirbelsäule gerade und formen Sie mit den Händen das Wissens-Mudra (Seite 105). Lassen Sie den Atem tief werden (Seite 23) und entspannen Sie sich.

Blicken Sie in die Flamme, ohne zu zwinkern. Vergrößern Sie die Zeitspanne behutsam; überfordern Sie sich und Ihre Augen auf keinen Fall. Wenn Sie die Schnelligkeit oder der Inhalt der Bilder und Gedanken beunruhigt, die Ihnen durch den Kopf gehen, brechen Sie die Übung ab. Beraten Sie sich ggf. mit einem erfahrenen Yogalehrer.

Geistige Klarheit und Konzentration zu üben erfordert Zeit und Geduld. Wenn Ihre Gedanken abschweifen, lenken Sie die Aufmerksamkeit behutsam wieder auf das Objekt zurück.

TIPPS
• Üben Sie stets ohne Brille bzw. ohne Kontaktlinsen.
• Vermeiden Sie Zugluft; das Flackern der Flamme könnte Sie eventuell ablenken.

1 Blicken Sie in die Flamme und verweilen Sie mit Ihrem Blick an der Dochtspitze. Fixieren Sie die Augen auf diesem Punkt und vermeiden Sie jedes Blinzeln oder Bewegen. Konzentrieren Sie Ihre Aufmerksamkeit vollständig auf die Flamme.

Halten Sie den Blick so lange wie möglich. Wenn die Augen wässrig oder müde werden, schließen Sie sie und konzentrieren sich auf das Abbild der Flamme, das vor Ihrem geistigen Auge erscheint. Halten Sie dieses Bild so lange wie möglich.

Sobald das Bild zu verblassen beginnt, öffnen Sie die Augen und blicken wieder in die Flamme. Starren Sie wieder so lange wie möglich, ohne zu blinzeln, dann schließen Sie die Augen und konzentrieren sich auf das innere Abbild der Kerze. Wiederholen Sie den Vorgang drei- bis viermal.

2 Reiben Sie die Händflächen kräftig aneinander, bis sie warm sind, und legen Sie sie auf die Augen. Fühlen Sie, wie die Wärme den Augenlidern gut tut. Öffnen Sie dann die Augen und schauen Sie in die Dunkelheit, die die Hände geben. Wenn Sie bereit sind, nehmen Sie die Hände behutsam wieder von den Augen.

VORSICHT

• Wenn Sie an Epilepsie leiden, verwenden Sie keine Kerze, sondern einen konkreten Fixpunkt, ein Bild oder einen Gegenstand Ihrer Wahl.
• Wenn Sie an grauem Star, Kurzsichtigkeit, Astigmatismus oder Augenreizungen leiden, verwenden Sie statt einer Flamme einen schwarzen Punkt.
• Wenn Sie kurz- oder weitsichtig sind, wählen Sie einen Abstand, der es Ihnen erlaubt, die Flamme ohne Überanstrengung der Augen zu fixieren.

Mudras
verwenden

Mudras sind traditionelle Handhaltungen, die Ihnen helfen, sich zu zentrieren. Bei Stress wirken sie beruhigend. Sie fördern einen meditativen Bewusstseinszustand, aus dem heraus Vertrauen wachsen kann.

Mudra des Bewusstseins

Sie sitzen mit überkreuzten Beinen, die Augen geschlossen. Hände mit dem Handrücken auf die Knie oder die Oberschenkel legen. Mit den Spitzen der Zeigefinger berühren Sie die Spitzen der Daumen. Die anderen Finger sind gestreckt, aber entspannt und nicht eng beieinander. Alternativ können Sie die Spitzen der Zeigefinger jeweils zu den Daumenwurzeln bringen. Dieses Mudra eignet sich auch für die »Blitz«-Stellung (Seite 62).

Mudra des Wissens

Sie sitzen mit überkreuzten Beinen (oder in der »Blitz«-Stellung – Seite 62), die Augen geschlossen. Hände mit den Handflächen auf die Knie oder die Oberschenkel legen. Mit den Spitzen der Zeigefinger die Spitzen der Daumen berühren oder an die Dau-

menwurzeln bringen. Die anderen Finger sind gestreckt, aber entspannt und nicht eng beieinander. Dieses Mudra wirkt tiefer nach innen als das Mudra des Bewusstseins und eignet sich für die Erforschung Ihrer Überzeugungen und Gewohnheiten.

Meditation

Meditation ist eine tief gehende Methode, einen Zustand der inneren Klarheit zu erreichen. Durch regelmäßiges Üben lernen Sie, Gedanken und Gefühle besser wahrzunehmen und zu verstehen.

Einübung innerer Stille

Diese Meditation dauert etwa 15 Minuten. Setzen Sie sich hin und schließen Sie die Augen. Machen Sie die vollständige Yogaatmung (Seite 23) und formen Sie mit Ihren Hände das Mudra des Bewusstseins (Seite 104). Konzentrieren Sie sich auf Ihr Gehör und achten Sie auf alle Geräusche. Die Aufmerksamkeit gilt anfangs dem lautesten und dann mehr und mehr den leisen und leisesten Geräuschen in Ihrer Nähe. Und schließlich lauschen Sie bewusst dem Ton Ihres eigenen, aus- und einströmenden Atems.

Nun wenden Sie sich dem Tastsinn zu. Spüren Sie, wie Ihr Atem durch die Nasenlöcher ein- und ausströmt. Lassen Sie in Ihrer Vorstellung unterschiedliche Temperaturen und Qualitäten zu, die Sie über den Tastsinn erspüren können. Fühlen Sie den Unterschied zwischen bedeckter und unbedeckter Haut. Dann wenden Sie

TIPPS
- Üben Sie nur, wenn Sie mindestens 15 Minuten ungestört sind.
- Wählen Sie einen Ort (drinnen oder im Freien), der ruhig, sauber und nicht kalt ist.
- Wählen Sie eine Haltung (Schneideroder Fersensitz oder auf einem Stuhl), in der Sie es längere Zeit aushalten können.

sich wieder dem Gefühl des Atemstroms in der Nase zu.

Nun konzentrieren Sie sich ganz auf den Geruchssinn: Erschnuppern Sie sämtliche Gerüche und Düfte in Ihrer Umgebung und lassen Sie sie wirken. Dann wenden Sie sich dem Geschmackssinn zu. Spüren Sie, wie die Zunge in Ihrem Mund liegt. Achten Sie auf süße, salzige, scharfe, saure oder bittere Geschmackseindrücke.

Dann lenken Sie die Aufmerksamkeit auf den Gesichtssinn. Achten Sie auf alles, was hinter den geschlossenen Augenlidern auftaucht. Sind es Farben oder Formen? Entstehen Muster oder Bewegungen? Oder herrscht nur Dunkelheit?

Nun lassen Sie eine Zeit lang einfach Ihre Gedanken kommen und gehen. Nehmen Sie den ersten Gedanken wahr, wie er vor dem inneren Auge auftaucht und wieder verblasst. Dann warten Sie auf den nächsten. Verstricken Sie sich nicht in Ihre Gedanken und versuchen Sie auch nicht, ihnen zu folgen.

Nach einer Weile kehren Sie wieder zum Gehörsinn zurück und wenden sich dem vertrauten Geräusch

Ihres Atems zu. Lassen Sie ihn etwas lauter werden und nehmen Sie ihn als Brücke hin zu den anderen Geräuschen im Raum. Kommen Sie dann mit Ihrem Bewusstsein in den Raum zurück und lassen Sie auch die Geräusche in der weiteren Umgebung zu. Öffnen Sie die Augen.

Entspannung

Die Entspannung nach dem Yoga gibt Körper und Geist die Chance, die Wirkungen der Übungen optimal zu erfahren. Nehmen Sie sich für die Tiefenentspannung 20 Minuten Zeit.

Tiefenentspannung

Diese verkürzte Version einer der grundlegendsten Methoden der Tiefenentspannung heißt im Sanskrit »yoga nidra sankalpa«, was »yogischer Schlaf mit Vorsatz« bedeutet. Tatsächlich schläft nur der Körper, während der Geist wach bleibt.

Sie liegen in der Totenstellung auf dem Boden (siehe rechts). Atmen Sie mit geschlossenen Augen elfmal vollständig durch (Seite 23); Ihr Körper gerät dadurch in einen Zustand tiefer Ruhe. Spüren Sie bewusst, wie Ihr Körper auf dem Boden liegt.

Nehmen Sie sich vor, den Körper bewusst in einen tiefen Schlaf sinken zu lassen, während der Geist wach und aufmerksam bleiben soll. Stellen Sie sich vor, dass Sie gleich im Geiste jedem Körperteil ein Stück Aufmerksamkeit schenken, so, als würde die geistige Aufmerksamkeit jede Körperregion kurz anstrahlen.

Bleiben Sie ganz ruhig liegen und wählen Sie einen Ablauf, den Sie gut kennen und der keinen Teil des Körpers auslässt. Vielleicht gehen Sie von oben nach unten durch den Körper oder im Uhrzeigersinn oder von den äußeren Rändern zur Mitte.

Wenn Sie jede Region Ihres Körpers in Ihrer geistigen Vorstellung berührt haben, richten Sie Ihre Aufmerksamkeit wieder auf den vollständigen Atem. Zählen Sie 27 Atemzüge, beginnend bei 27 bis zu null. Wenn Sie stocken, beginnen Sie von neuem.

Nach dieser Serie vollständiger Atemzüge kehren Sie zu dem Vorsatz zurück, den Körper ruhen zu lassen, während der Geist wach und aufmerksam bleibt. Spüren Sie, dass der Körper ganz entspannt ist, während der Geist tatsächlich wach und aufmerksam ist. Dann lassen Sie Ihren Atem etwas lauter werden, bis Sie ihn deutlich hören. Verwenden Sie den Klang des Atems als Brücke hin zu einem alltäglicheren Bewusstseinszustand. Strecken Sie Zehen- und Fingerspitzen, Füße und Hände. Dann

strecken Sie den ganzen Körper und kommen langsam zum Sitzen. Wenn Sie bereit dazu sind, öffnen Sie die Augen.

Hinzunahme eines Vorsatzes

Wenn Sie mit der Abfolge vertraut sind, können Sie einen eigenen Vorsatz hinzunehmen. Legen Sie in einer kurzen Formulierung fest, welchen Wunsch Sie für den Verlauf Ihres weiteren Lebens haben. Denken Sie gut darüber nach, um sicher zu sein, dass Sie mit dem Vorsatz auch glücklich sind, ehe Sie damit arbeiten. Verwenden Sie den Vorsatz am Beginn und Ende jeder Entspannungsübung.

Teil 3

Programme

Die folgenden Programme helfen Ihnen, Ihr Selbstvertrauen zu stärken: vor einer Prüfung oder einem Vorstellungsgespräch, in Zeiten des Umbruchs, bei Selbstzweifeln oder Ängsten, vor einer großen Herausforderung oder bei mangelndem Selbstwertgefühl.

① Vorstellungs-
gespräch

Ein Vorstellungsgespräch entspannt und sicher durchzustehen ist nicht einfach. Diese Übungsfolge, am Morgen des entsprechenden Tages ausgeführt, vermittelt Ihnen ausreichend Energie und Klarheit, um das Gespräch positiv angehen zu können. Die beiden letzten Übungen können direkt auf dem Weg zu Ihrem Termin wiederholt werden.

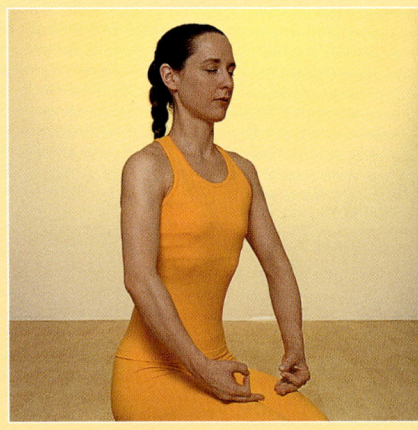

① Das Feuer schüren (S. 96)

② Den Schädel erleuchten (S. 97)

3 Anrufung der Energie (S. 100–101)

4 Wechselseitige Nasenlochatmung (S. 95)

5 Atem-Balance-Haltung (S. 99)

6 Einübung innerer Stille (S. 106–107)

② In Zeiten des Umbruchs

Diese Übungsfolge hilft Ihnen, Brüche im Leben besser zu verkraften. Um die Wirkung zu vertiefen, praktizieren Sie bei der umgekehrten Totenstellung die vollständige Atmung (Seite 23), bei der Stellung »Hase« die Bauchatmung (Seite 23). Beschließen Sie das Programm mit der »Einübung innerer Stille« (Seite 106).

① Ruhendes Krokodil (S. 54) ② Schlange (S. 52–53)

3 **Hase** (S. 74–75)

4 **Dreieck** (S. 38–39)

5 **Armstreckung 3** (S. 26)

6 **Philosoph** (S. 64–65)

Stimmungstief

3

Dieses Programm hilft, blockierte Energien freizusetzen, die Stimmung aufzuhellen und das Selbstvertrauen zu erneuern. Beginnen Sie mit der Übung »Das Feuer schüren« (Seite 96). Lassen Sie durch die Positionen »Tänzer«, »Baum« und »Kamel« den vollständigen Atem (Seite 23) strömen. Enden Sie mit wechselseitiger Nasenlochatmung (Seite 95).

1 Hüftkreisen (S. 32–33)

2 Tänzer (S. 42–43)

3 Baum (S. 40–41)

4 Kamel (S. 68–69)

5 Blitz (S. 62–63)

6 Rock 'n' Roll (S. 29)

4 Balance und
Verständnis

Dieses Programm kann helfen, wenn Ihre Toleranz überstrapaziert wird. Atmen Sie zwei Minuten lang vollständig durch (Seite 23) und konzentrieren Sie sich auch bei den Übungen auf den Atem. Am Ende des Programms atmen Sie in der Atem-Balance-Haltung (Seite 99) 27-mal aus und ein. Dann gehen Sie in die Tiefenentspannung (Seite 108).

1 Blitz (S. 62–63)

2 Philosoph (S. 64–65)

3 Dreieck (S. 38–39)

4 Pfeil und Bogen (S. 36–37)

5 Baum (S. 40–41)

6 Konzentriertes Schauen (S. 102–103)

Sicherheit &
Gelassenheit

5

Atmen Sie zu Beginn in der »Blitz«-Position elfmal vollständig durch (Seite 23). Halten Sie die anderen Stellungen so lange, dass Sie siebenmal in den Bauch atmen können (Seite 23). Beschließen Sie das Programm mit elf Atemzügen mit Summton (Seite 98), gefolgt von einer Tiefenentspannung (Seite 108).

1 Blitz (S. 62–63)

2 Hase (S. 74–75)

3 Kobra (S. 50–51)

4 Kind (S. 72–73)

5 Wirbelsäulendrehung 1 (S. 90–91)

6 Ruhendes Krokodil (S. 54–55)

Für mehr Mut

Dieses Programm fördert Kraft, Selbstvertrauen und letztendlich Mut. Atmen Sie zu Beginn siebenmal vollständig durch (Seite 23). Nach der »Boot«-Position praktizieren Sie elf weitere vollständige Atemzüge, ehe Sie fortfahren. Abschließend gehen Sie in die Position »Blitz«, um fünfmal »die Energie anzurufen« (Seite 100).

1 Boot (S. 44–45)

2 Totenstellung (S. 109)

3 Kopfstand (S. 86–89)

4 Hase (S. 74–75)

5 Krieger in Angriffsstellung (S. 48–49)

6 Kamel (S. 68–69)

7 Selbstwert-
gefühl aufbauen

Dieses Programm fördert die Selbstakzeptanz. Atmen Sie elfmal vollständig durch (Seite 23), ehe Sie mit den Übungen beginnen, sieben weitere Male nach der »Boot«-Position. Nach dem Programm gehen Sie in die Meditation »Einübung innerer Stille« (Seite 106), gefolgt von einer Tiefenentspannung (Seite 108) in Verbindung mit einem Vorsatz.

1 Pfeil und Bogen (S. 36–37)   **2** Dreieck (S. 38–39)

3 **Baum** (S. 40–41)

4 **Boot** (S. 44–45)

5 **Brüllender Löwe** (S. 66–67)

6 **Philosoph** (S. 64–65)

Register

Ängste, lindern 102
Alkohol 8–9
Anrufung der Energie
12, 100–101
Armstreckungen 24–26
Arthritis 17, 41, 50
Astigmatismus 103
Atem und Bewegung 24–33
Atemlosigkeit 96
Atmen:
Atmen mit Summton
10, 98
Das Feuer schüren 12,
94, 96
Den Schädel erleuchten
12, 94, 97
Dreiecksatmung 11, 94
Gleichgewichtsatmung
11, 99
Grundlagen 22–23
Schlechte Atmung 8
Übungen 94–101
und Wohlbefinden 9
Veränderter Atem 9
Vollständige Yogaatmung
10, 22, 23
Wechselseitige
Nasenlochatmung
11, 94, 95
Augenprobleme 86
Augenreizungen 103
Ausatmen mit Summton
10, 98

Bandscheibenvorfall 44
Bauchmuskeln 12
Bauchoperationen 17, 68
Baum 11, 40–41

Bedenken, gesundheitliche 6
Befreiung der Energie
(Stellung), 27
Beziehungen 8
Blitz 13, 62–63
Blutdruck, hoher 17, 41, 44,
46, 68, 72, 75, 85, 86, 96
Blutdruck, niedriger 17
Blutstau 86
Boot 12, 44–45
Brüllender Löwe 66–67

Cannabis 8–9
Chandra-Sequenz 76–83

Das Feuer schüren 12, 94, 96
Decke 21
Depression, Lindern von 102
Dreieck 12, 38–39
Dreiecksatmung 11

Einübung innerer Stille 13,
106–107
Ellbogenkreisen 28
Energiepegel, niedriger 8
Entspannung 108–109
Epilepsie 96, 103

Fehlernährung 8
Fingerhaltungen *siehe*
Mudras
Friedens-Mudra *siehe* An-
rufung der Energie

Gedächtnisleistung,
Verbesserung 102
Gelassenheit, Fördern von
10, 11
Gelenkprobleme 50
Gerolltes Handtuch,

Verwendung von 20
Mudra des Bewusstseins
94, 104
Mudra des Wissens 94, 105
Glaukom 17, 46, 72, 75,
85, 86
Gleichgewicht, Entwicklung
von 10–12
Gleichgewichtsatmung 11, 99
Grauer Star 103

Handgelenke, Probleme mit
66, 70
Hase 10, 74–75
Herzerkrankungen 17, 44,
46, 49, 68, 85, 86
Holzblock, Verwendung
von 21
Hornhautablösung 17, 46,
72, 75, 85, 86
Hüftkreisen 12, 32–33
Hund 46-47

Ischias 17, 44

Kamel 68–69
Katze 70–71
Kind 72–73
Kissen, Verwendung von
20
Klarheit, Fördern von 10,
11, 12–13
Kleidung 17
Knien, Grundposition 19
Knieprobleme 41, 63, 66
Kobra 50–51
Körperliche Beschwerden
und Yoga 17
Konzentrationsübungen
102–103

Konzentriertes Schauen 13,
102–103
Kopfstand 11, 86–89
Krampfadern 63
Krieger in Angriffsposition
48–49
Kurse 16
Kurzsichtigkeit 103

Lebensstil 8–9
Leistenbruch 17, 50, 68
Liegen, Grundposition
18, 19

Magengeschwür 52
mangelndes Selbstwertgefühl,
Gründe für 7–9
Meditation 106–107
Einübung innerer Stille
13, 106–107
Menstruation 17, 85, 86, 96
Mudras 13, 94
Verwendung von 104–105

Nackenprobleme 17, 38,
50, 68, 86
Negativität 8
Nervosität 8
Nikotin 8–9

Ohrenprobleme 86

Pfeil und Bogen 36–37
Philosoph 13, 64–65
Programme 111–125
Für Balance und
Verständnis 118
Für mehr Mut 122
Für Sicherheit und
Gelassenheit 120

In einem Stimmungstief
116
In Zeiten des Umbruchs
114
Selbstwertgefühl
aufbauen 124
Vor einem Vorstellungs-
gespräch 112

Ratschläge zum Üben 6–17
Rock 'n' Roll 29
Rudern 31
Rückenprobleme 17, 38,
41, 46, 49, 68, 72, 75
Ruhendes Krokodil 10,
54–55

Schaumstoffblock,
Verwendung von 20
Schlaflosigkeit, Lindern von
102
Schlange 52–53
Schleife positiven
Feedbacks 9
Schwindel 96
Seilziehen 30
Selbstachtung 6
Selbstbewusstsein 6–7
Selbstvertrauen 6–7, 8
Selbstwertgefühl 6, 7, 9
Sitzen, Grundposition 18, 19
Sitzposition, schlechte 8
Sonnengruß 56–61
Stärke, Aufbau 10, 11, 12
Stehen, Grundposition 18
Stimulanzien 8

Tänzer 11, 42–43
Tiefenentspannung 108–109
Totenstellung 10

Übergewicht 86
Umgekehrte Totenstellung 10

Verspannungen 8
Vollständige Yogaatmung
10, 22, 23
Vorsätze 109

Wechselseitige
Nasenlochatmung 11,
94, 95
Weitsichtigkeit 103
Wirbelsäulenprobleme 50
Wirbelsäulendrehung 1,
90–91
Wirbelsäulendrehung 2,
92–93

Yoga
Eignung für 7
körperliche Beschwerden
17
Kurse 16
Qualitäten, die gefördert
werden 10–13
Üben 16–17
und der Umgang mit
anderen Menschen 8
und eigene Bedürfnisse 17
und gesundheitliche
Bedenken 6, 8
und Schwangerschaft 6
Yogalehrer 17

Zubettgehen, Unwohlsein
beim 8

Nützliche Adressen

BERUFSVERBAND DER YOGALEHRENDEN IN DEUTSCHLAND E.V.
Jüdenstr. 37
37073 Göttingen
Tel.: 05 51/488 38 08
Fax: 05 51/488 38 60
E-Mail: info@yoga.de
http://www.yoga.de

SCHWEIZERISCHE YOGA GESELLSCHAFT
Aarbergergasse 21
CH-3011 Bern
Tel.: 031/3 11 07 17

Fax: 031/3 11 07 17
E-Mail: sekretariat@syg.ch
http://www.yoga.ch

BERUFSVERBAND DER YOGALEHRENDEN IN ÖSTERREICH
Frau Erika Erber
Tel.: 01/5 48 82 22
E-Mail: boey@yoga.at
http://www.yoga.at

WWW.YOGA-SHOP.DE
Bestellmöglichkeiten rund ums Thema Yoga

Dank

DANK DER AUTORIN

Mein Dank gilt meiner Mutter, die mich selbstbewusst gemacht und mich ab dem Alter von vier Jahren Yoga gelehrt hat. Bedanken möchte ich mich auch bei meinem Mann und meinen Söhnen für ihre Geduld. Ich widme das Buch dem lebendigen Erbe aller Schüler des Swami Sivananda, die das Licht des Yoga in der ganzen Welt verbreiten, insbesondere Paramahamsa Satyananda Saraswati. Om Namaya Shiva.

DANK DES VERLAGS

Danke an Catherine MacKEnzie für ihre Mitarbeit bei der Gestaltung des Buchs, den Lektoratsassistentinnen Helen Ridge, Jane Simmonds und Angela Wilkes, Dorothy Frame für die Erstellung des Registers, Katy Wall für das Umschlagdesign und der Bildredakteurin Anna Bedewell.

Models: Lee Hamblin, Kelly Smith–Beaney, Cate Williams
Photoassistenz: Nick Rayment
Frisuren und Make–up: Hitoko Honbu (Hers)
Studio: Air Studios Ltd.

BILDNACHWEIS

Der Verlag dankt den folgenden Organisationen und Personen für die freundliche Abdruckgenehmigung.
7: Photonica/Mats Widen; 12: Getty Images/Justin Pumfrey; 16: Getty Images/Anthony Marsland.
Die Rechte für alle anderen Fotos liegen bei Dorling Kindersley. Weitere Informationen unter www.dkimages.com.